微课/慕课
设计、制作与应用

倪彤/著

清华大学出版社
北京

内 容 简 介

本书主要介绍使用 Camtasia Studio 软件进行微课视频制作的方法和技巧,内容涵盖了"互联网＋"教育、微课制作相关软件、微课设计、微课制作和慕课等。

为了帮助读者更好地使用本书,达到预定的学习目标,在主要的知识点都配备了相应的微课视频供读者学习。与本书配套的软件和素材也可通过 360 云盘(http://yunpan.cn/ccvezUjccFZji 提取码:8dcf)进行下载。

本书以实际操作任务为主线组织和架构,所有实例均由作者亲自实践,确保正确无误,适合广大一线教师作为信息技术培训和提升的使用手册。

图书在版编目(CIP)数据

微课/慕课设计、制作与应用/倪彤著. --北京: 清华大学出版社,2016

ISBN 978-7-302-42912-8

Ⅰ. ①微…　Ⅱ. ①倪…　Ⅲ. ①网络教学－研究　Ⅳ. ①G434

中国版本图书馆 CIP 数据核字(2016)第 030755 号

责任编辑: 田在儒
封面设计: 牟兵营
责任校对: 李　梅
责任印制: 宋　林

出版发行: 清华大学出版社					
网　　址: http://www.tup.com.cn, http://www.wqbook.com					
地　　址: 北京清华大学学研大厦 A 座			邮　　编: 100084		
社 总 机: 010-62770175			邮　　购: 010-62786544		
投稿与读者服务: 010-62776969, c-service@ tup. tsinghua. edu. cn					
质量反馈: 010-62772015, zhiliang@ tup. tsinghua. edu. cn					
印 装 者: 北京嘉实印刷有限公司					
经　　销: 全国新华书店					
开　　本: 185mm×260mm	**印　张:** 7		**字　数:** 159 千字		
版　　次: 2016 年 5 月第 1 版			**印　次:** 2016 年 5 月第 1 次印刷		
印　　数: 1 ～3000					
定　　价: 39.00 元					

产品编号: 066611-01

前言

教育部教育管理信息中心自2012年2月立项开展全国教师信息技术培训(TITT)项目以来,以普及现代教育技术在学校教学中的应用,提高教学效果,提升教学质量和促进教育教学改革为宗旨,以"引领先进、倡导高效"为原则,采取"统一培训、统一授课、统一教材、统一认证"的方式,截至2015年4月在全国共举办了110余期培训班,培训了近万人次。

"以项目为载体、任务引领、用微课学"是本书编写的基本特色,作者倪彤是享受省政府特殊津贴的教育部中国教育信息化专家库收录专家、TITT认证讲师,长期在一线从事教师信息技术培训工作,有着丰富的微课实战经验,在全国已举办了上百场"微课/慕课设计、制作与应用"专题学术报告,以教学内容快速迭代不断更新、选用软件接地气便于操作等特点,深受广大一线教师的好评。

书中大多数项目任务是以学习或应用一种常用软件为主,例如,思维导图(NovaMind)、PPT美化大师、录屏及PPT录制(Camtasia Recorder)、视频剪辑及后期制作(Camtasia Studio)、手写板(SmoothDraw)等。

在呈现方式上尽可能减少文字叙述,采用屏幕截图,以增强其现场感和真实感。通过"学习任务单"对所学的内容做进一步的总结及延伸。

配套教学资源:微课视频可用手机扫二维码学习,也可用网页打开学习,符合翻转课堂这种新型的教学模式,具体学习过程为扫码学微课→预操作练习→听课(老师讲解、示范、拓展)→再操作练习→完成学习任务单。

书中难免有不妥之处,恳请读者批评指正!

教育部教育管理信息中心
2016年2月

目录

项目一

"互联网+"教育

"互联网+"在中国的迅猛发展，不但提升了一个又一个传统行业的层次，也给每一个人带来了机遇、希望与挑战。"互联网+"教育就是教育内容的持续更新、教育样式的不断变化、教育评价的日益多元……中国教育正进入一场基于信息技术的、更伟大的变革中。

当今教学信息化的热点：微课（Microlecture）、慕课（MOOC）、翻转课堂（Flipped Classroom）、混合式学习（Blended Learning）等都是"互联网+"教育的结果，如图1-1所示。

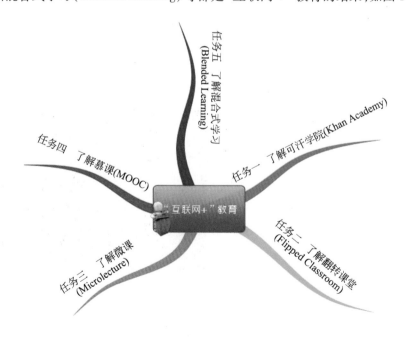

图1-1 "互联网+"教育

任务一 了解可汗学院（Khan Academy）

可汗学院是由孟加拉裔美国人萨尔曼·可汗创立的一家非营利教育组织，主旨在于利用网络视频进行免费授课。

2004年，萨尔曼·可汗为辅导亲戚家的孩子学习数学，他通过雅虎通聊天软件、互动写字板和电话帮她解答了所有问题。然后，他把自己的数学辅导材料制作成视频，放到YouTube网站上，方便更多的人分享。根据YouTube网站当时的技术限定，萨尔曼·可汗把每段视频的长度控制在10分钟之内，以便网友有耐心理解、消化。没想到，这种"短小精趣"的教学视频很快就受到了网友们的热捧。

2007年，萨尔曼·可汗成立了非营利性的"可汗学院"网站，用视频讲解不同科目的内容，并解答网友们提出的问题。除了视频授课，"可汗学院"还提供在线练习、自我评估及进度跟踪等学习工具，很快这个网站每月的平均点击量达到200多万次。

2009年，萨尔曼·可汗辞掉了基金公司的工作，全身心投入"可汗学院"的建设。

萨尔曼·可汗教学视频的显著特点就是在视频中唯一能够看到的就是他的手，不断地书写一些教学的符号，并缓慢地填满整个屏幕。除此之外，就是配合书写进行讲解的画外音。在10分钟左右的视频里，可汗学院的教师就像是隐形的，他们不出现在视频里，但是电子黑板系统会记录他们的"板书"内容，老师写错的部分会擦掉重新开始，这个过程就像学生在课堂里一样。同时可汗学院还开发了练习系统，记录学生对课程的反馈，以供老师来根据学生的反馈进行调整，更重要的是，当学生的反馈证明自己有能力学会后面的课程时，课程才会继续，这正是可汗式教学视频与传统教学录像的根本不同之处。

2012年4月，《时代周刊》评出了当年影响世界的百人榜，萨尔曼·可汗位列第四，比尔·盖茨对萨尔曼·可汗的评价："他是将科技应用于教育的先锋，他开启了一场革命，开启了以视频资源为主的教育新模式。"

TED演讲中的萨尔曼·可汗与比尔·盖茨如图1-2所示。

图1-2 TED演讲中的萨尔曼·可汗（右）与比尔·盖茨（左）

任务二　了解翻转课堂(Flipped Classroom)

翻转课堂起源于 2007 年或更早一些时间,由美国林地公园高中两位化学老师亚伦·萨姆斯(Aaron Sams)、乔纳森·伯格曼(Jonathan Bergmann)创新并全面应用,如图 1-3 所示。

一直以来,在美国科罗拉多州林地公园高中普遍存在的问题之一是:许多学生由于各种原因时常错过了正常的学校教学活动,花费在往返学校的巴士上的时间过多。这样导致很多学生由于缺课而跟不上学习进度,严重影响了学校整体的教学进度。

2007 年,学校两位化学教师亚伦·萨姆斯和乔纳森·伯格曼开始使用屏幕捕捉软件录制 PowerPoint 演示文稿的播放和讲解声音。他们把结合实时讲解和 PPT 演示的视频上传到网络,以此帮助缺课及学习困难的学生补课。让学生在家中或课外观看视频中教师的讲解,把课堂上的时间节省出来进行面对面的讨论和作业的辅导,这就进行了颠覆传统课堂的尝试。不久,这些在线教学视频被更多的学生接受并广泛传播开了,从而也很好地解决了林地公园高中所存在的缺课及学习困难学生的辅导问题。

图 1-3　亚伦·萨姆斯(左)与乔纳森·伯格曼(右)

翻转课堂知识传授在课下、知识内化在课上。2011 年以来,伴随互联网而产生的这种新型的教学模式——翻转课堂在美国和世界日益流行,吸引了大批学校和老师投身"翻转课堂"的教学实践中。亚伦·萨姆斯和乔纳森·伯格曼这对搭档对此深有感触:"翻转课堂已经改变了我们的教学实践。我们再也不会在学生面前,给他们一节课讲解 30~60 分钟。我们可能永远不会回到传统的方式教学了。"

任务三　了解微课（Microlecture）

微课起源于 2008 年或更早一些时间，由美国墨西哥州圣胡安学院的高级教学设计师、学院在线服务经理戴维·彭罗斯（David Penrose）首创。他主要将微课应用于本学院的《职业安全》课程中，并收到了良好的效果，也被后人戏称为"一分钟教授"，如图 1-4 所示。

目前在全球范围内掀起了微课理论研究和实践应用的热潮，大家对微课基本达成如下几点共识。

（1）微课是教育信息化的重要探索。

（2）微课是以短小精趣的微视频为主要载体。

（3）围绕某个单一知识点而设计开发的在线课程。

（4）符合新时代的教学需求。

微课视频的时长一般为 3～8 分钟，最新的大数据分析结果则建议短于 6 分钟的视频课程最吸引学生。

微课模式最早被美国的可汗学院采用，萨尔曼·可汗录制的微视频一度风靡全球，衍生出翻转课堂教学模式，影响着世界各国的教育领域。类似的微课模式，还被大众科普方向的 TED-Ed 网站成功采用，并逐步渗透到面向高等教育的诸多慕课平台。

图 1-4　戴维·彭罗斯

从某种意义上讲，微课是翻转课堂、慕课重要的技术实现方案及技术支撑。

任务四　了解慕课（MOOC）

2012 年，一场由哈佛大学、斯坦福大学、麻省理工学院等世界名校掀起的教育风暴——"慕课（MOOC）"震动了整个高等教育界，唤起了人们对教学模式的重新审视，标志着教育开始真正走出工业文明，步入信息时代。

简写"MOOC"（慕课）的四大字母分别为 Massive（大规模）、Open（开放）、Online（在线）、Course（课程）。目前，国外已有众多的 MOOC 平台，世界著名的 MOOC 三巨头 Coursera（图 1-5）、edX、Udacity。

（1）Coursera：2012 年由斯坦福大学创建，营利性，截至 2015 年 4 月 20 日，共开设课程 986 门，用户 1250 多万。2013 年复旦大学、上海交通大学加盟。

图 1-5　建在 Coursera 平台上的 MOOC

（2）edX：2012 年由哈佛大学和麻省理工学院创建，非营利性，截至 2015 年 4 月 20 日，共开设课程 439 门，用户 350 多万。2013 年清华大学、北京大学加盟。

（3）Udacity：2012 年由斯坦福大学原教授创建，营利性，截至 2015 年 4 月 20 日，共开设课程 58 门，用户 160 多万。

在国内，2014 年教育部成立了在线教育研究中心，并开始推广 MOOC 模式。MOOC 由此在国内脱离了等同于公开课的认知，走向多元化发展。例如，互联网企业网易、清华大学学堂在线、超星泛雅网络教学综合服务平台等纷纷涌入 MOOC 平台的建设大潮中。

MOOC 除了"大规模、公开性、在线性"等特点外，与传统课堂及原来的网络公开课相比，真正的创新主要体现在以下几个方面。

（1）借鉴了传统课堂面授教学的组织形式，并通过互联网等信息技术对其进行了优化，碎片化的知识点、系统化的课程体系，学习者只需要拥有一台连接了互联网的计算机即可进行访问与学习。

（2）MOOC 之前的网络公开课，大多数只是提供了学习视频，但是慕课除了微视频资源外，还提供相应的文字材料、在线作业、单元测验、期中考试、期末作业、在线答疑等，为学生提供了丰富的学习服务。慕课的课程一般以周为单位推进，每推进一个单元，学习者都会获得相应的学习资料、测试内容等。

因为 MOOC 的社交性质，学习者还可以在交互性社区里和其他同学进行交流讨论，学习的参与性强，提升了学习效果，并且慕课的学习者在学完课程后还可以获得相应的学分或证

书,使慕课真正成为一种完整的课程,一种全新的学习模式。

（3）注重与全球知名大学的合作,它在课程学习环节免费向全球用户开放,以吸引众多学员来注册学习。

（4）在课程结业认证等环节收取少量费用,从而形成了一个良好的资本投资收益商业模式。

总之,MOOC 是"以学习者为中心"所构筑的一个完整的课程体系,学生可网上注册、学习、讨论、互动交流、完成作业、提出问题、参加考试、取得证书、获取学分,它是远程教育、在线课程、开放教育资源和学习管理系统的最新发展。

任务五　了解混合式学习（Blended Learning）

狭义的混合式学习是指在线学习与面授学习相结合的学习方式,具体又可划分为以面授为主、在线学习为辅模式以及在线学习为主、面授为辅模式。广义的混合式学习是指围绕学习目标,通过不同学习策略、方式与技术的综合运用来获得最佳的学习效果,并达成最终的学习目标。

在"互联网＋"时代,要促进信息技术与教育教学改革的深度融合,就必须以混合式学习作为基本的指导思想,将面对面的传统教学与点对点的微课教学结合起来,两者取长补短、互相借鉴。具体如下。

（1）指导思想：混合式学习。

（2）教学模式：翻转课堂。

（3）设计方法：微课。

（4）网络课程：慕课。

当下急需要开发适合和支持学生课前实现个性化自主学习,课中进行协作式合作学习的微课、微课程和慕课,混合式学习如图1-6所示。

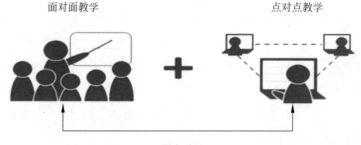

图1-6　混合式学习

学习任务单

一、学习方法建议
观看微课→预操作练习→听课(老师讲解、示范、拓展)→再操作练习→完成学习任务单

二、学习任务
1. 了解"互联网+"教育   □   2. 了解可汗学院   □   3. 了解翻转课堂   □   4. 了解微课   □   5. 了解慕课   □   6. 了解混合式学习   □

三、困惑与建议

项目 二

微课制作相关软件

微课制作相关软件是信息技术的基本组成部分,广大一线老师在设计和制作微课时,对那些上手快、易操作、分分钟出效果的软件表现出极大的兴趣,从而也增强了他们按自己的意愿设计与制作微课的信心。

微课制作相关软件如图 2-1 所示。

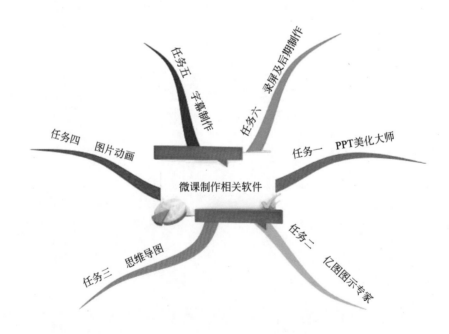

图 2-1 微课制作相关软件

任务一 PPT 美化大师

任务一 PPT 美化大师微课,请扫二维码。

PPT 美化大师是金山公司开发的依附于微软 Office 的第三方软件产品,它与 PowerPoint 完美整合,优化与提升现有 Office 软件的功能,在线提供海量精美的图片、图示、模板等资源,并能快速完成 PPT 演示文稿的制作与美化,是专业课件制作的利器。

1. 软件安装

步　骤	说明或截图
（1）双击"PPT 美化大师"安装文件,运行安装程序。 　单击"立即安装"按钮,出现安装进度条。	
（2）安装完毕,出现如图所示画面。 　单击"开始体验"按钮,将自动开启一个新的 PowerPoint 演示文稿。	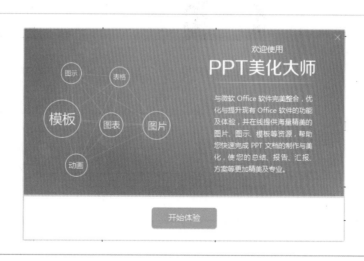

续表

步　　骤	说明或截图
（3）在 Power-Point 演示文稿中将新增一个"美化大师"菜单项及侧边栏。	

2. 操作使用

步　　骤	说明或截图
（1）单击 PPT 美化大师功能菜单中的"新建"按钮，在线打开 PPT 海量模板。 单击其中某一个缩略图，即选中相应的模板。	

步　　骤	说明或截图
（2）单击"打开并新建"按钮，依据选定的模板创建一个新的 PPT 演示文稿。	
（3）单击侧边栏上的"换装"按钮，可对当前的 PPT 演示文稿更换模板，同时保持演示文稿中原有的内容不变。	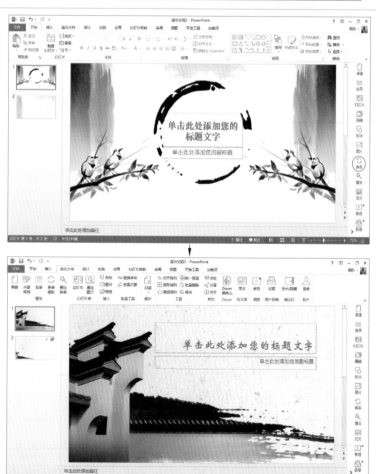

学习任务单

一、学习方法建议
观看微课→预操作练习→听课(老师讲解、示范、拓展)→再操作练习→完成学习任务单

二、学习任务

1. 安装 PPT 美化大师 ☐
2. 使用 PPT 美化大师创建一个新的演示文稿 ☐
3. 使用 PPT 美化大师对已创建的演示文稿进行换装 ☐
4. 在 PPT 美化大师中插入结束页幻灯片 ☐
5. 在 PPT 美化大师中插入图片 ☐
6. 在 PPT 美化大师中插入范文 ☐

三、困惑与建议

任务二　亿图图示专家

> **任务二　亿图图示专家微课,请扫二维码。**

亿图(Edraw Max V7)是一款综合矢量绘制软件,为专业图表设计提供最佳解决方案。此绘图软件集所有功能于一身,能轻松绘制专业的流程图、网络图、组织结构图、商业演示、建筑规划图、思维导图、工作流程图、程序结构、网页设计图、电气工程图等。

同时,亿图还可以一键导出 PDF、SVG、Word、Excel、PowerPoint 格式的文件。

1. 软件安装

步　骤	说明或截图
（1）双击"亿图图示专家"安装文件，运行安装程序。	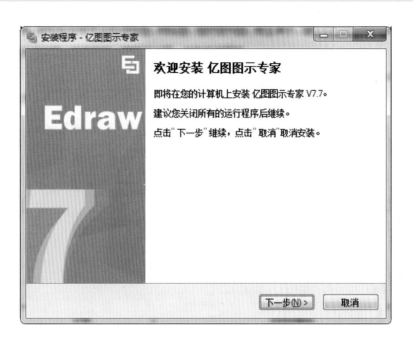
（2）单击"下一步"按钮，出现一系列的人—机对话框，并开始安装软件。	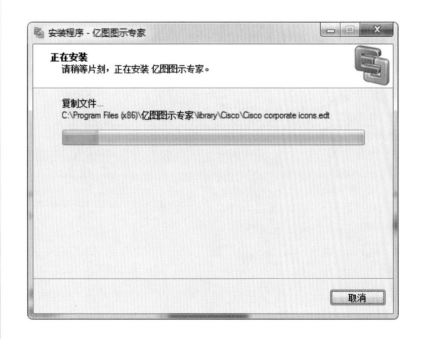

步　骤	说明或截图
（3）安装完毕，单击"完成"按钮，就自动启动亿图图示专家程序。	

2. 操作使用

步　骤	说明或截图
（1）启动亿图图示专家程序后，会打开"预定义模板和例子"对话框。 单击其中某一个缩略图，即选中相应的模板。 单击"创建"按钮，进入对应类别的绘图区域。	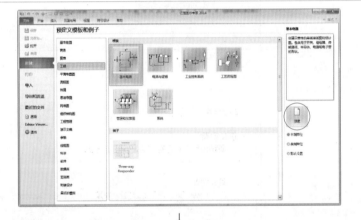 ↓ 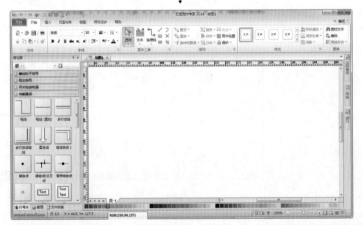

续表

步　骤	说明或截图
（2）在"符号库"中，可选定相应的符号并将其拖动至绘图区域，从而完成一个电路的搭建。	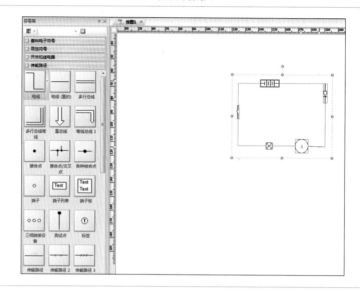
（3）单击顶部的"MS PowerPoint 文件"按钮，可将绘制的对象导出成一个 .pptx 格式的文件。 注：也可将绘制的对象选中，复制、粘贴至 Word、Excel 或 PowerPoint 中，且背景呈透明状。	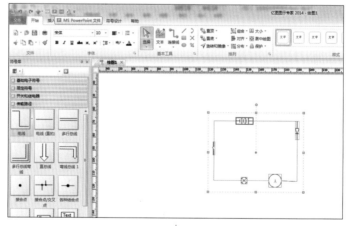 ↓ 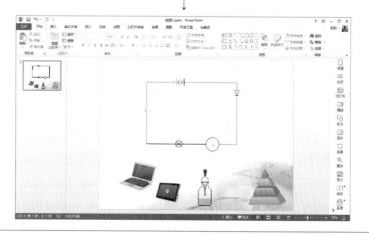

学习任务单

一、学习方法建议
观看微课→预操作练习→听课(老师讲解、示范、拓展)→再操作练习→完成学习任务单

二、学习任务
1. 安装亿图图示专家　　　　　□
2. 绘制图形　　　　　　　　　□
3. 导出成.pptx 格式的文件　　□
4. 复制、粘贴选定的图形至 PowerPoint　□
5. 复制、粘贴选定的图形至 Word　□

三、困惑与建议

任务三　思维导图

任务三　思维导图微课,请扫二维码。

依据大脑思维放射性的特点,20 世纪 60 年代英国教育家东尼·博赞 (Tony Buzan)发明了思维导图,它利用色彩、图画、代码和多维度等图文并茂的形式来增强记忆效果,使人们关注的焦点清晰地集中在中央图形上,它允许学习者产生无限制的联想,从而使思维过程更具有创造性。

软件安装

思维导图在教育教学领域中主要用于课堂笔记的知识记录,考前要点的复习总结,呈现形式的多样变化和思维训练的科学、严密等方面。

思维导图在产品演示、技术报告、会议纪要、工作流程等方面也有广泛的使用。

目前常用的思维导图软件有 iMindMap、NovaMind、MindManager 等。

操作使用

1. 软件安装

步　骤	说明或截图
（1）双击"思维导图"安装文件，运行安装程序。	
（2）单击 Next 按钮，出现一系列的人—机对话框，并开始安装软件。	
（3）安装完毕，单击 Finish 按钮，就自动启动 NovaMind 程序。	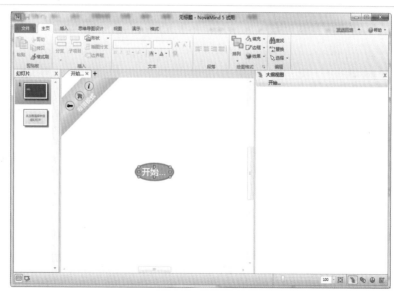

2. 操作使用

步　　骤	说明或截图
（1）启动 Nova-Mind 程序后，会在画面的中央出现一个主题节点：开始。	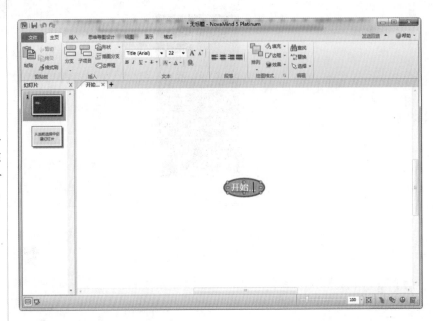
（2）输入主题内容，选定主题节点，按 Insert 键，就生成一个子项目。连续增加若干个子项目，然后对其名称进行编辑。	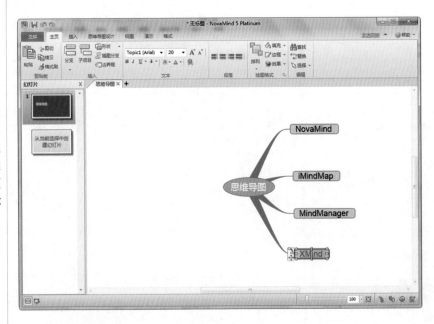

续表

步　骤	说明或截图
（3）选定二级节点，按 Insert 键，就生成一个二级子项目，以此类推。	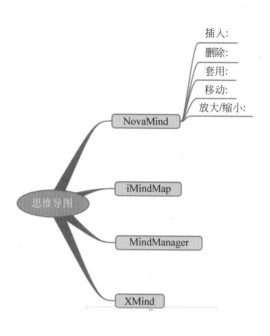
（4） NovaMind 其他操作如下所述。 插入节点：Insert。 删除节点：Del。 套用格式：思维导图设计 → 彩虹等。 移动导图：鼠标右键。 视面放大/缩小：Ctrl + 滚轮。	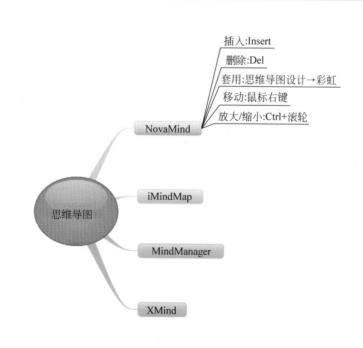

续表

步　骤	说明或截图

（5）设置演示的具体步骤如下。

单击"视图"→"详细信息级别"→"收起"按钮。

单击"演示"→"依据选择创建"按钮，将根据当前选中的节点创建第一张幻灯片。

以此类推，按播放的顺序分别选中其他节点来创建幻灯片。

单击"演示"→"从第一张幻灯片"按钮或按功能键 F5，开始按顺序动态播放各个幻灯片。

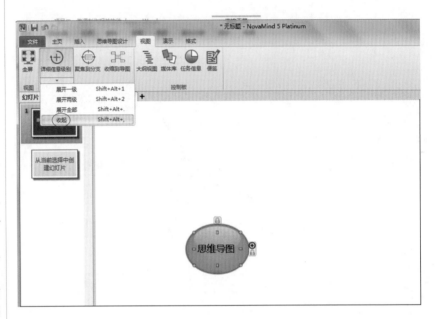

↓

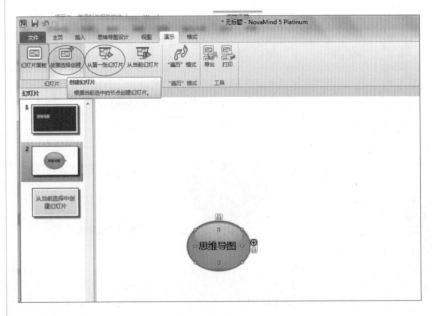

学习任务单

一、学习方法建议
观看微课→预操作练习→听课(老师讲解、示范、拓展)→再操作练习→完成学习任务单
二、学习任务
1. 安装思维导图程序　□ 2. 自行绘制一张包含三层项目的导图　□ 3. 套用"彩虹"格式　□ 4. 格式→填充→玻璃效果　□ 5. 折叠导图→再依次展开　□ 6. 创建幻灯片→开始演示　□
三、困惑与建议

任务四　图片动画

任务四　图片动画微课,请扫二维码。

软件安装

操作使用

　　ProShow Producer 是由俄罗斯人开发的一个电子影集制作软件,它使用音频、视频、图片作为素材,运用向导,可快速创建一个多媒体电子影集。制作效率高、效果好,尤其适合图片展示类视频制作。

1. 软件安装

步　　骤	说明或截图
（1）双击"图片动画"安装文件,运行安装程序。 再单击 Photodex ProShow Produser v. 6. 0. 3410 左侧的 Install 按钮。 再次单击第二个画面的 Install 按钮及相应的操作系统（例如：Win 7）按钮,进入下一个安装界面。	
（2）单击 Next 按钮,出现一系列的人—机对话框,并开始安装软件。	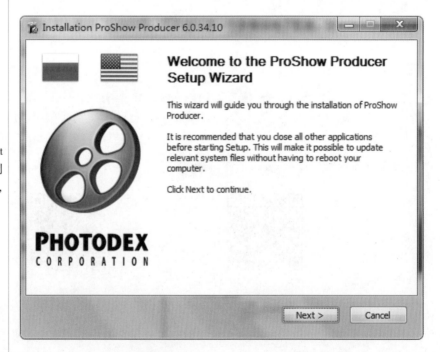

续表

步　骤	说明或截图
（3）安装完毕，单击 Finish 按钮，退出安装程序。	

2. 操作使用

步　骤	说明或截图
（1）启动图片动画程序，会打开 New Slide Show 对话框。 单击 Create（创建）按钮，进入电子影集创建向导的第一步。	

续表

步　　骤	说明或截图
（2）单击 + 按钮,开始向电子影集中添加一些图片和视频素材。	
（3）单击 Next 按钮,进入创建向导的第二步,提示添加电子影集的背景音乐。 选择一首 MP3 格式的音频文件作为背景音乐。	 ↓ 

步　　骤	说明或截图
（4）单击 Next 按钮，进入创建向导的第三步，提示选择电子影集的主题样式，其中包括幻灯片样式及转场效果设置；默认是 All Effects 主题。	
（5）单击 Next 按钮，进入创建向导的第四步，提示输入电子影集的标题、16∶9 或 4∶3 屏幕宽高比等。	

步　　骤	说明或截图
（6）单击 Create 按钮，开始创建电子影集并预览最终效果。	
（7）单击 Next 按钮，进入最后发布阶段。 单击 Publish Your Show 左边的按钮，出现发布场合选择对话框。 单击 Create Video for Anywhere 下方的按钮，进行发布视频的格式及参数选择。	 

步　骤	说明或截图
（8）单击 Create 按钮，并输入要创建视频的名称，完成最终制作并自动播放所创建的电子影集。	

学习任务单

一、学习方法建议
观看微课→预操作练习→听课（老师讲解、示范、拓展）→再操作练习→完成学习任务单

二、学习任务	
1. 安装图片动画程序	☐
2. 启动图片动画软件，进入创建向导	☐
3. 创建向导第一步	☐
4. 创建向导第二步	☐
5. 创建向导第三步	☐
6. 创建向导第四步	☐
7. 发布电子影集	☐

三、困惑与建议

任务五　字幕制作

任务五　字幕制作微课，请扫二维码。

　　若要对一段视频添加字幕，可考虑采用时间机器（Time Machine）字幕软件来完成。插入视频后在每一句话开始时按 F8 键设置起点，一句话结束后按 F9 键设置终点，在开始与结束期间内输入视频中说话的文字即可，保存为 ass 字幕文件后，用播放器播放即可观看视频配字幕的效果。

1. 软件安装

步　　骤	说明或截图
（1）将 Time machine 文件夹放在指定的位置。	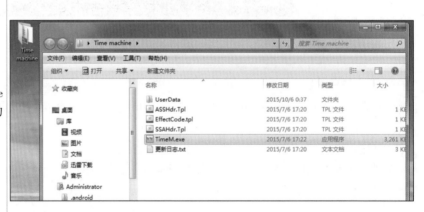
（2）双击 TimeM.exe 主文件，即可启动时间机器软件。	

2. 操作使用

步　骤	说明或截图
（1）首先，要准备好两个素材文件：一个是不带字幕提示的视频文件，另一个是文本文件，每一句话单独占居一行，且最后还应有一空白行。	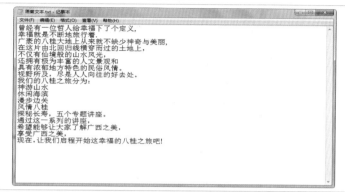
（2）启动时间机器软件，左侧的任务窗格中会出现一批功能按钮，如打开视频、导入文本、保存字幕等。	
（3）单击"打开视频"按钮，打开一个视频文件；单击"导入文本"按钮，导入一个用记事本编辑好的文本文件；确保"每行识别为一行时间轴"。	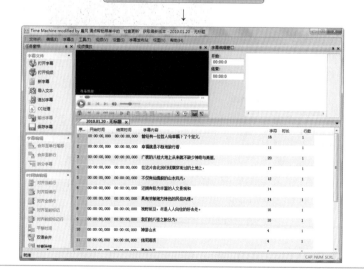

续表

步　骤	说明或截图
（4）单击"保存字幕"按钮，将导入的文本文件存储为 1.ass。	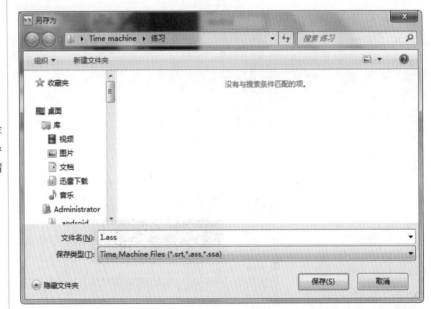
（5）单击视频"播放"按钮，在每一句话的开头和结尾，分别按功能键 F8 和 F9，用于设定字幕出现的首尾；再单击"保存字幕"按钮，完成外挂字幕文件 1.ass 的编辑；关闭时间机器软件。	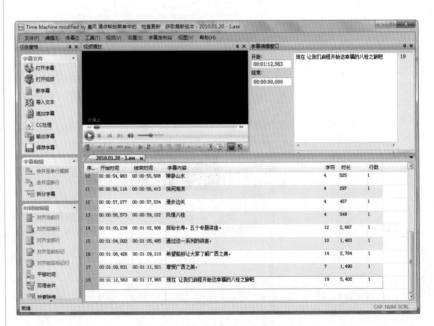

续表

步　骤	说明或截图
（6）在同级目录中，将 1. ass 文件更名为和视频文件同名；双击视频文件播放时，字幕就会自动加载。 注：若要将视频文件与字幕文件合并成一个文件，可在格式工厂这类软件中进行操作。	 ↓ 

学习任务单

一、学习方法建议
观看微课→预操作练习→听课（老师讲解、示范、拓展）→再操作练习→完成学习任务单

二、学习任务	
1. 启动时间机器程序	☐
2. 制作字幕文本文件	☐
3. 在 Time Machine 中，打开视频	☐
4. 在 Time Machine 中，导入文本	☐
5. 在 Time Machine 中，保存字幕	☐
6. 在 Time Machine 中，用 F8 键设置句首、F9 键设置句尾	☐
7. 保存字幕并退出，观看视频、字幕同步显示效果	☐

续表

三、困惑与建议

任务六　录屏及后期制作

任务六　录屏及后期制作微课,请扫二维码。

微课录屏及后期制作软件有多种,如 Adobe Captivate、Corel 会声会影、EverCAM 等,对于大多数一线老师自己录课而言,推荐使用 TechSmith 公司的 Camtasia Studio 8、Camtasia Recorder 8 软件产品,俗称为"卡秋莎",其功能强大、上手快,稍加培训,很快就能学会并掌握微课视频的制作。

1. 基础平台软件安装

步　骤	说明或截图
（1）先要在计算机上安装一个基础平台 Microsoft. NET Framework 4.0；打开相应的目录,双击安装文件,开始安装软件。	

续表

步　　骤	说明或截图
（2）选中"我已阅读并接受许可条款"复选框，再单击"安装"按钮。	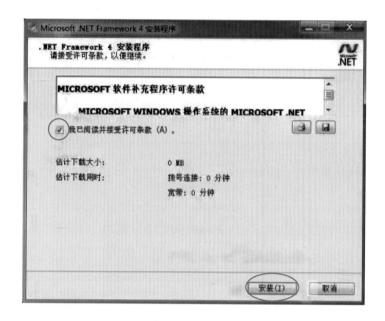
（3）至此，Microsoft.NET Framework 4 已安装成功，单击"完成"按钮退出。	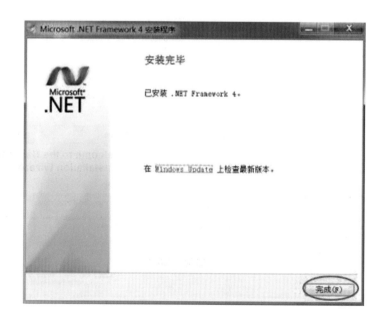

2. Camtasia 主程序安装

步　　骤	说明或截图
（1）打开相应的目录，双击安装文件，开始安装软件。	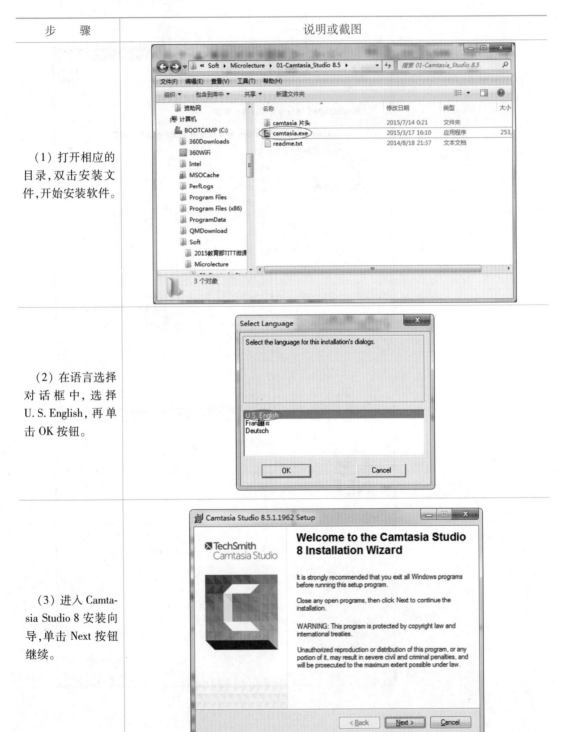
（2）在语言选择对话框中，选择 U. S. English，再单击 OK 按钮。	
（3）进入 Camtasia Studio 8 安装向导，单击 Next 按钮继续。	

续表

步　骤	说明或截图
（4）选中 I accept the license agreement 复选框；单击 Next 按钮继续。	
（5）选中 Free trial（测试版）；单击 Next 按钮继续。	
（6）选择安装的文件夹，也可使用默认文件夹进行安装；单击 Next 按钮继续。	

步　　骤	说明或截图
（7）选中 Enable Camtasia Studio Add-in for Microsoft PowerPoint 复选框，这样可在 PowerPoint 中增加一个 Camtasia 加载项，以方便 PPT 录制；单击 Next 按钮继续。	
（8）单击 Next 按钮继续。	
（9）至此，Camtasia Studio 8 安装成功，单击 Finish 按钮，退出安装。	

注：Camtasia Studio 8 强大的录屏及后期制作功能，将在项目四中详细介绍。

学习任务单

一、学习方法建议	
观看微课→预操作练习→听课(老师讲解、示范、拓展)→再操作练习→完成学习任务单	
二、学习任务	
1. 安装 Microsoft . NET Framework 4	☐
2. 安装 Camtasia Studio 8	☐
3. 打开 MS PowerPoint,验证"加载项"	☐
4. 启动 Camtasia Studio 8,了解界面组成	☐
5. 启动 Camtasia Recorder 8,了解界面组成	☐
三、困惑与建议	

项目 三

微课设计

  微课作为新型教学资源或者新型课件,是混合式学习、慕课、翻转课堂的技术实现方案和支撑,微课的构成用一句话来概括就是"非常 5 + 1",即微教案、微课件、微作业、微评价、微反思 + 微视频,其中微视频是微课资源的核心。

  微课不同于传统的多媒体课件,它是为学生自主学习、个性化学习服务的,微课同时也是为"翻转课堂"这种新型教学模式而准备的。微课应用于翻转课堂,可真正实现以学习者为中心,学生成了课堂的主体,传统的"教学"模式转变成新型的"学教"模式,知识传授在课下、知识内化在课上,即学生课下通过观看微课视频并根据学习任务单或导学案例的要求认真完成知识点、技能点的学习;课上通过教师点评学习任务单、解析重难点、总结及延伸学习内容,学生分组讨论,集思广益,完成知识内化。

  总之,微课能很好地满足学生自主学习和个性化学习的需求,增强课堂教学的互动性,大大提高了课堂教学的绩效。微课设计如图 3-1 所示。

图 3-1　微课设计

任务一　微课选题

微课选题应围绕学习目标,重点考虑以下三个方面。

(1) 知识点/技能点:通过对每门课程的认真梳理,提取其中的重点、难点、疑点、考点、热点。

(2) 教学环节:在课程中所涉及的学习活动、主题、实验、任务等,都是微课制作的主要方面。

(3) 呈现方式:微课的核心构成是微视频,因此微课的选题就应充分考虑适用于流媒体的形式进行表达。

总之,微课选题的技巧可概括为以下几点。

(1) 把握一个中心:以学生为中心,想一想他们凭什么能看下去,你的"奇异点"在哪里?

(2) 抓住四个要点:重点、难点、疑点、热点。

(3) 选择合适内容:适合视频方式呈现。

通常一门课可设立50~90个微课,下面以《用微课学·计算机应用基础》课程为例。

一级学习目标:项目;二级学习目标:任务;三级学习目标:知识点,如表3-1所示。

表3-1　《用微课学·计算机应用基础》三级学习目标

项目一　个人计算机组装

任务一	硬件系统(一)	CPU、主板、内存、硬盘/固态硬盘、显示器
任务二	硬件系统(二)	显卡、机箱、电源、散热器、鼠标、键盘、音箱
任务三	软件系统(一)	操作系统
任务四	软件系统(二)	办公软件、平面设计、网页制作
任务五	资源管理器(一)	文件、文件夹、新建、重命名
任务六	资源管理器(二)	剪切、复制、粘贴
任务七	系统维护(一)	安全卫士
任务八	系统维护(二)	杀毒软件
任务九	模拟攒机	选择配件、测算价格、商业采购

项目二　文字录入训练

······

学习任务单

一、学习方法建议	
观看微课→预操作练习→听课（老师讲解、示范、拓展）→再操作练习→完成学习任务单	
二、学习任务	
1. 选定自己所熟悉的一门课	☐
2. 设定一级学习目标：项目	☐
3. 设定二级学习目标：任务	☐
4. 设定三级学习目标：知识点	☐
三、困惑与建议	

任务二　微课教学设计

"碎片化知识点、系统化学习方案、高清视频呈现、5～10分钟时长、知识点一点即通！"这就是微课教学设计的总体原则。

教学设计、创意和教师的智慧是微课设计与开发的灵魂。

（1）微课设计流程，如图3-2所示。

图3-2　微课设计流程

（2）微教案设计主要包括以下6个方面。

① 整体设计：新颖、有创意、生动有趣。

② 旁白讲解：普通话要标准，语言要生动、幽默、富有感染力，节奏得当。

③ 学习目标：明确，只讲一个知识点，精准、精练、精讲。

④ 时间安排：宜短不宜长，一般不超过 10 分钟。

⑤ 视频画面：清晰、音画同步，适当加字幕，但不宜从头到尾加音乐配字幕。

⑥ 互动设计：安排适当的提问引发思考，利用在线测试以检测知识掌握情况。

微教案设计范例，如表 3-2 所示。

表 3-2　《用微课学·计算机应用基础》微教案设计

录制时间：2014 年 12 月 20 日下午　　　　　　　　　　　　微课时间：5 分钟以内

微课名称	任务六　【知识拓展】模板	
教学类型	讲解、演示、实操	
适用对象	第 1~2 学期或第 2~3 学期机械数控或汽车类各专业学生，公共基础课——必修课（8~6 学分）	
设计思路	联机 Word 模板→创建文档→编辑使用	
教　学　过　程		
类　　别	内　　容	要求
一、片头（10″）	题目：项目三 任务六 【知识拓展】模板 作者：倪彤	直观、明了
二、讲解（3′50″）	任务导入：观摩 Word 预设的信函、简历、商务、传单、日历和封面等专业模板，提高文档编辑制作的效率。	开门见山新颖、紧凑
	任务实施： (1) 单击"文件"→"新建"按钮，出现 Word 模板库。 (2) 选择其中之一，再单击"创建"按钮，开始下载模板并按模板自动创建一个新的文档。 (3) 修改按模板创建的新文档相应的文字、图片部分，保存文档，完成制作。	线索清晰简洁、高效
	任务拓展：搜索联机模板并创建文档	快捷、点睛
三、片尾（5″）	单位：安徽省汽车工业学校 日期：2014 年 10 月	
四、教学反思（自我评价）		

（3）脚本设计：作为一个微课制作团队，有的人写类似于电影剧本的微课脚本，有的人出镜讲课，有的人负责拍摄及后期制作……微课的脚本通常是由教学环节、画面内容、解说词、时长等项目构成的，微课脚本制作范例如表 3-3 所示。

表 3-3　微课脚本制作范例

微课名称	钢琴连奏法			
所属学科	音乐			
姓　名		单　位		
教学环节	画面/内容	解说词		时长
片头导入	Flash 片头 微课名称 主讲人、制作单位	无		8″
钢琴连奏法 概念简介	PPT 呈现概念	钢琴连奏法指的是……		20″
连奏法指法示范	教师演奏钢琴， 特写指法……	音画同步		4′30″
片尾	地点、时间	无		4″

学习任务单

一、学习方法建议
观看微课→预操作练习→听课(老师讲解、示范、拓展)→再操作练习→完成学习任务单
二、学习任务
1. 了解微课设计流程　　　　　　　□ 2. 参照表 3-2 设计一份微教案　　□ 3. 根据微教案设计一份微课件　　□ 4. 参照表 3-3 编写一份微课脚本　□
三、困惑与建议

任务三　微课录制总体原则

为了确保微课制作的质量,对微课视频录制的基本技术规范通常要提出相应的要求。

一、录制要求

(一)作品时长

每个作品总时长必须在 10 分钟以内,画面中不得出现与教学无关的内容。

(二)录制场地

录制场地可以是课堂(含实验实训)、演播室等场地。录制现场光线充足、环境安静、整洁,避免在镜头中出现有广告嫌疑或与教学无关的标识等内容。

(三)课程形式

成片统一采用单一视频形式,如 MP4、FLV 等。

(四)录制方式及设备

(1)拍摄方式:根据课程内容,可采用单机位或多机位拍摄,机位设置应满足完整记录全部教学活动的要求。

(2)录像设备:摄像机要求不低于专业级数字设备,在同一门课程中标清和高清设备不得混用,推荐使用高清数字设备。

(3)录音设备:使用若干个专业级话筒,保证教师(和学生)发言的录音质量。

(4)后期制作设备:使用相应的非线性编辑系统。

(五)教学课件的制作及录制

教师在录制前应对授课过程中使用的教学课件(PPT、音视频、动画等)认真检查,确保内容无误,排版格式规范,版面简洁清晰,符合拍摄要求。

在拍摄时应针对实际情况选择适当的拍摄方式,与后期制作统筹策划,确保成片中的教学课件演示及板书完整、清晰。

二、后期制作要求

(一)片头片尾

片头时长不超过 10 秒,应包括学校名称、单位、课程名称、主讲教师姓名、专业技术职务等信息。

片尾为可选项,时长不超过 5 秒,应包括素材获取渠道、日期等信息。

(二) 技术指标

1. 视频信号源

(1) 稳定性:全片图像同步性能稳定,无失步现象,CTL 同步控制信号必须连续;图像无抖动跳跃,色彩无突变,编辑点处图像稳定。

(2) 信噪比:图像信噪比不低于 55dB,无明显杂波。

(3) 色调:白平衡正确,无明显偏色,多机拍摄的镜头衔接处无明显色差。

(4) 视频电平:视频全信号幅度为 $1 V_{p-p}$,最大不超过 $1.1 V_{p-p}$。其中,消隐电平为 0V 时,白电平幅度为 $0.7 V_{p-p}$,同步信号为 $-0.3V$,色同步信号幅度为 $0.3V_{p-p}$(以消隐线上下对称),全片一致。

2. 音频信号源

(1) 声道:中文内容音频信号记录于第 1 声道,音乐、音效、同期声记录于第 2 声道,若有其他文字解说记录于第 3 声道(如录音设备无第 3 声道,则录于第 2 声道)。

(2) 电平指标: $-8 \sim -2dB$ 声音应无明显失真、放音过冲、过弱。

(3) 音频信噪比不低于 48dB。

(4) 声音和画面要求同步,无交流声或其他杂音等缺陷。

(5) 伴音清晰、饱满、圆润,无失真、噪声杂音干扰、音量忽大忽小现象。解说声与现场声无明显比例失调,解说声与背景音乐无明显比例失调。

三、视、音频文件压缩格式要求

(一) 视频压缩格式及技术参数

(1) 视频压缩采用 H. 264 格式编码。

(2) 视频码流率:动态码流的最高码率不高于 2000Kbps,最低码率不得低于 1024Kbps。

(3) 视频分辨率:

① 前期采用标清 4∶3 拍摄,请设定为 640×480 像素;

② 前期采用标清 16∶9 拍摄,请设定为 1280×720 像素(720P);

③ 在同一课程中,各讲的视频分辨率应统一,不得标清和高清混用。

(4) 视频画幅宽高比:

① 分辨率设定为 640×480 像素,请选定 4∶3;

② 分辨率设定为 1280×720 像素,请选定 16∶9;

③ 在同一课程中,各讲应统一画幅的宽高比,不得混用。

(5)视频帧率为 25 帧/秒。

(6)扫描方式采用逐行扫描。

(二)音频压缩格式及技术参数

(1)音频压缩采用 H.264 格式编码。

(2)采样率为 48kHz。

(3)音频码流率为 128Kbps(恒定)。

(4)必须是双声道,必须做混音。

总之,技术"傻瓜"化、质量完美化、操作便利化是微课录制的基本要求。

表 3-4 所示为 2015 年全国微课大赛的评分标准。

表 3-4　2015 年全国微课大赛的评分标准

作品规范 10 分	一、材料完整(5 分) 包含微课视频,以及在微课录制过程中使用到的全部辅助扩展资料:教学方案设计、课件、习题、动画、视频、图片、答案、总结等。辅助扩展资料以单个文件夹形式上传提供。
	二、技术规范(5 分) 1. 微课视频:时长 5～15 分钟;视频图像清晰稳定、构图合理、声音清楚,主要教学环节有字幕提示等;视频片头应显示微课标题、作者、单位。 2. 教学课件:配合视频讲授使用的主要教学课件限定为 PPT 格式,需以单独文件提交;其他拓展资料符合网站上传要求。 3. 教学设计:应注明讲课内容所属大类专业(2 位代码)、专业(4 位代码)、课程名称、知识点(技能点)名称及适用对象等信息。
教学设计 40 分	一、选题价值(10 分) 选取教学环节中某一知识点、技能点、专题、实训活动作为选题,针对教学中的常见、典型、有代表性的问题或内容进行设计,类型包括但不限于:教授类、解题类、答疑类、实训实验类、活动类。选题尽量"小而精",具备独立性、完整性、示范性、代表性,能够有效解决教与学过程中的重点、难点问题。鼓励深入浅出、通俗易懂、短小精悍的作品。
	二、教学设计与组织(15 分) 1. 教学方案:围绕选题设计,突出重点,注重实效;教学目的明确,教学思路清晰,注重学生全面发展。 2. 教学内容:严谨充实,无科学性、政策性错误,能理论联系实际,反映社会和学科发展。 3. 教学组织与编排:要符合学生的认知规律;教学过程主线清晰、重点突出,逻辑性强,明了易懂;注重突出以学生为主体的教学理念以及教与学活动有机的结合。
	三、教学方法与手段(15 分) 1. 教学策略选择正确,注重调动学生的学习积极性和创造性思维能力;能根据教学需求选用灵活适当的教学方法;信息技术手段运用合理,正确选择使用各种教学媒体,教学辅助效果好。 2. 鼓励参赛教师采用多元设计理念、方法、手段设计微课,教师在授课过程中,可使用但不限于:把图片、动画、视频、HTML 网页等多种媒体技术,恰到好处地运用在教学过程中,以实现较好的教学效果。

续表

教学效果 40分	一、目标达成(15分) 完成设定的教学目标,有效解决实际教学问题,能促进学生知识运用及专业能力提高。
	二、教学特色(15分) 教学形式新颖,教学过程深入浅出,形象生动,趣味性和启发性强,教学氛围的营造有利于提升学生学习的积极主动性。
	三、教学规范(10分) 1. 教师出镜类微课作品:教师教学语言规范、清晰,富有感染力;教学逻辑严谨,教师仪表得当,教态自然,严守职业规范,能展现良好的教学风貌和个人魅力,此类作品本项分值10分在评审时单独计算使用。 2. 教师不出镜类微课作品:教学表述规范、清晰,教学逻辑严谨,严守职业规范,能够较好运用各种现代教育技术手段把相关教学内容、教学环节、知识点等讲解清楚,此类作品本项分值10分结合评审规则中教学安排部分合并评审使用。
网络评价 10分	依据参赛微课作品发布后受欢迎程度、点击率、投票率、用户评价、作者与用户互动情况、收藏次数、分享次数、讨论热度等综合评价。

学习任务单

一、学习方法建议
观看微课→预操作练习→听课(老师讲解、示范、拓展)→再操作练习→完成学习任务单
二、学习任务
1. 微课作品时长　　　　　　　　　　　　□
2. 微课作品格式　　　　　　　　　　　　□
3. 片头片尾时长　　　　　　　　　　　　□
4. 音、视频压缩编码　　　　　　　　　　□
5. 视频码流率　　　　　　　　　　　　　□
6. 视频分辨率　　　　　　　　　　　　　□
三、困惑与建议

项目 四

微 课 制 作

微课制作是本书的核心内容,它是依据教学设计的目标和策略,运用微课制作软件和搜集的素材,设计出"短小精趣"的各类微课。

微课制作如图 4-1 所示。

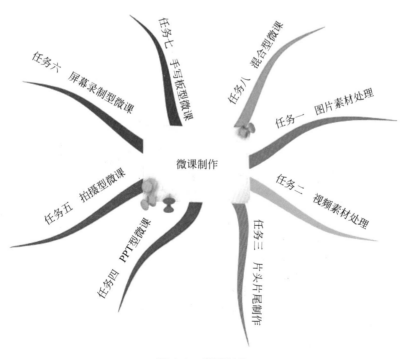

图 4-1　微课制作

任务一　图片素材处理

任务一　图片素材处理微课,请扫二维码。

（一）　　　　　（二）

图片是微课的基本组成,其获取的方法有多种,例如,从 DVD 图库光盘中复制,通过互联网下载,用相机、手机拍摄等。若要对图片进行进一步处理,则必须要用到 Photoshop 这类图像处理软件。

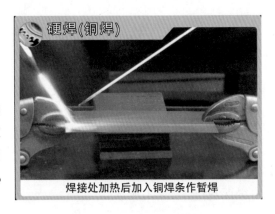

图 4-2　中国台湾微课视频截图

如图 4-2 所示,若要在视频画面的前方添加一张透明的图片方框,该如何制作?

步　骤	说明或截图
（1）启动 Photo-shop,创建一个新的图像文件。	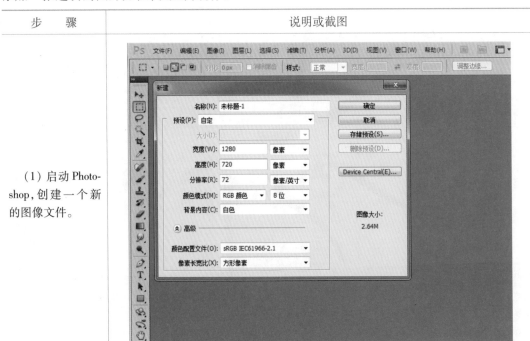

步　　骤	说明或截图
（2）新建一个图层，绘制边框效果，取消背景图层可见性。	
（3）进一步完善边框效果并添加文字、图层样式。	
（4）单击"文件"→"存储为Web和设备所用格式"菜单项；在打开的对话框中，预设：PNG-24，再单击"存储"按钮，导出PNG格式的透明图片。 注：该图片叠加在视频上，即可显示透明方框效果。	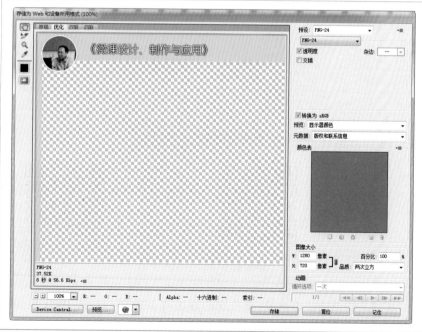

学习任务单

一、学习方法建议
观看微课→预操作练习→听课(老师讲解、示范、拓展)→再操作练习→完成学习任务单
二、学习任务
1. 拍摄图片　　　　　　　　　　　　　　　□
2. 下载图片　　　　　　　　　　　　　　　□
3. 启动 Photoshop 软件　　　　　　　　　□
4. 关闭背景图层可见性　　　　　　　　　　□
5. 新建图层　　　　　　　　　　　　　　　□
6. 绘制矩形选区　　　　　　　　　　　　　□
7. 编辑→描边　　　　　　　　　　　　　　□
8. 输入文字　　　　　　　　　　　　　　　□
9. 设定图层样式为外发光　　　　　　　　　□
10."文件"→"存储"为 PNG 格式的透明图片　□
三、困惑与建议

任务二　视频素材处理

任务二　视频素材处理微课,请扫二维码。

（一）　　　　　　　　（二）

　　视频是微课的核心构成,其获取的方法有多种,例如,从 DVD 视频库光盘中复制,使用"硕鼠"等工具从互联网上下载,用 DV 摄像机、手机拍摄等。若要对视频进行进一步处理,如格式转换、视频合并等,则必须要用到格式工厂(Format Factory)这类软件。

1. 视频格式转换

步　　骤	说明或截图
（1）启动格式工厂（Format Factory）软件。	
（2）将需要进行格式转换的视频文件拖入其中,出现格式选择、输出文件夹、配置对话框;选定 FLV 格式,再单击"配置"按钮。	

步　　骤	说明或截图
（3）在出现的"视频设置"对话框中进行设置，如设置屏幕大小为720P；比特率为1024；单击"确定"按钮。	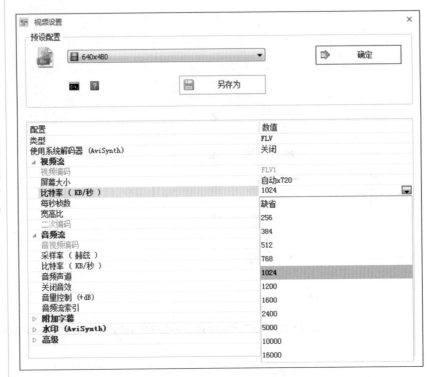
（4）在格式工厂的主对话框中单击"开始"按钮，开启视频的格式转换，如将 MP4 格式的视频转换为 FLV 格式的视频。	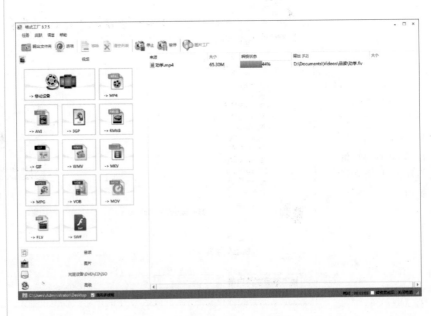

2. 视频合并

此处将练习如何将项目二中的字幕文件与视频文件进行合并,以形成一个新的视频文件。

步　　骤	说明或截图
(1) 打开字幕文件与视频文件所在的文件夹。	
(2) 启动格式工厂(Format Factory)软件,将视频文件拖入其中;选定FLV 格式,再单击"配置"按钮。	

续表

步 骤	说明或截图
（3）在出现的"视频设置"对话框中，单击"附加字幕"的下拉按钮，选定与视频配套的 ass 字幕文件；单击"确定"按钮。	
（4）返回"视频设置"的上一个对话框；单击"确定"按钮，准备开始两个文件的合并。	

续表

步　骤	说明或截图
（5）在格式工厂的主对话框中单击"开始"按钮，开始字幕文件和视频文件的合并，最终生成一个包含字幕的 FLV 格式的视频文件。	
（6）单一含字幕的视频文件播放效果。	

学习任务单

一、学习方法建议
观看微课→预操作练习→听课（老师讲解、示范、拓展）→再操作练习→完成学习任务单
二、学习任务
1. 安装并启动格式工厂软件　　□
2. 音频格式转换（wav→mp3）　□
3. 调整屏幕大小、比特率　　　□
4. 视频格式转换（mp4→flv）　□
5. 设置字幕文字字体、大小及样式　□
6. 文件合并（ass、mp4→mp4）　□
三、困惑与建议

任务三 片头片尾制作

任务三 片头片尾制作微课,请扫二维码。

（一）

（二）

片头片尾是微课的基本组成,时长通常不超过 15 秒。具体制作方法有两种:一是在 Camtasia Studio 的库(Library)中直接调用主题(Theme)进行制作;二是使用 PowerPoint 进行制作,分别介绍如下。

1. 用 Camtasia Studio 制作片头片尾

步　骤	说明或截图
（1）启动 Camtasia Studio 软件,单击 Library（库）功能按钮,出现预设的若干 Theme（主题）列表。	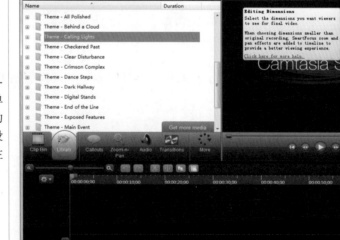

续表

步　　骤	说明或截图
（2）选定主题文件夹中的项目，右击，在弹出的菜单中选择 Add to Timeline at Playhead 命令，从而将选定主题的标题项目添加到时间轴轨道上。	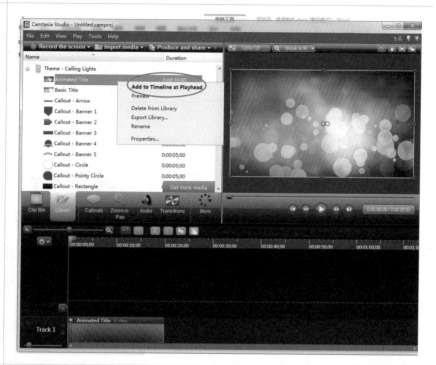
（3）双击轨道上的 Animated Title（动态标题）；输入新的文字，并调整其位置、大小及样式。	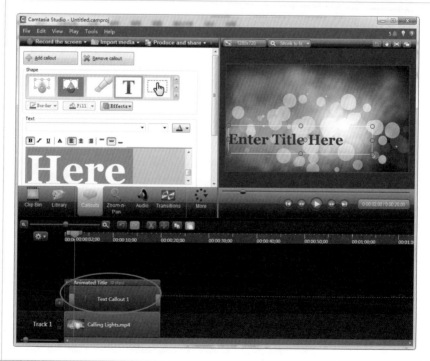

续表

步　骤	说明或截图
（4）完成片头效果制作。 　注：片尾的制作方法与片头类似，不再赘述。	

2. 用 PowerPoint 制作片头片尾

步　骤	说明或截图
（1）启动 Power-Point 2013 软件，创建两张幻灯片，分别用作片头、片尾。	

续表

步 骤	说明或截图
（2）将幻灯片的"切换"效果设置成"棋盘"，从而得到一个比较炫的开场动画效果。	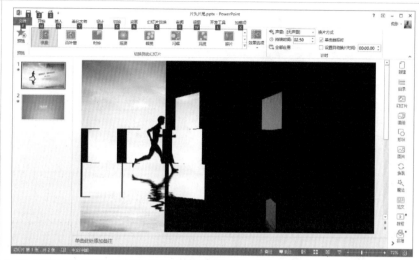
（3）将文字"动画"设置成"弹跳"并在"效果选项"中设置。动画文本：按字母；字母之间延迟百分比：10。	
（4）单击"幻灯片放映"→"从头开始"按钮，可看到动感十足的片头开场效果。	

续表

步　骤	说明或截图
（5）单击"文件"→"导出"→"创建视频"按钮，可将 PPT 导出成一个 MP4 格式的视频文件。	
（6）渲染完成后，得到 MP4 格式的视频文件，导入 Camtasia Studio 中进行 Split（分割），就可以分别得到片头、片尾。	

学习任务单

一、学习方法建议
观看微课→预操作练习→听课（老师讲解、示范、拓展）→再操作练习→完成学习任务单
二、学习任务
1. 启动 Camtasia Studio　　☐
2. 打开库（Library）　　☐
3. 选定一个主题（Theme）项目，添加至轨道　　☐
4. 编辑动态标题（Animated Title）的内容　　☐
5. 在 PPT 中新建两张幻灯片　　☐
6. 设置幻灯片"切换"效果　　☐
7. 设置文本"动画"效果　　☐
8. 导出成 MP4 格式的视频文件　　☐

续表

三、困惑与建议

任务四 PPT 型微课

任务四 PPT 型微课,请扫二维码。

PPT 型微课视频主要使用 PowerPoint、Camtasia Studio 两个软件来联合制作,先安装 PowerPoint 2010 或 2013,后安装 Camtasia Studio 8,这样在 PowerPoint 启动后,菜单中就会多出一个"加载项",如图 4-3 所示。

图 4-3　PPT 加载项

具体操作步骤如下。

(1)制作一个 PPT 演示文稿。

(2)单击"加载项"菜单,出现一排功能按钮,单击 Camtasia Studio:Record audio 可录制语音旁白，单击 Camtasia Studio：Record camera 可录制摄像头影像。

（3）单击 Record 按钮，进入 Camtasia Studio 录制暂停画面，再单击 Click to begin recording 按钮，开始播放并录制 PPT 演示文稿，此时的语音旁白、摄像头影像等也一并录入其中，如图4-4所示。

（4）当演示文稿播放完毕，按 Esc 键停止录制并出现 Save…存储对话框，单击"保存"按钮后，出现 Produce your recording/ Edit your recording 生成录像或编辑录像选择对话框，默认为"生成录像"，单击 OK 按钮，进入"生成向导"，如图4-5所示。

图 4-4　开始 PPT 录制

图 4-5　停止 PPT 录制

（5）生成向导是一系列的人—机对话过程,主要包括自定义生成设置→视频格式→播放控制器及尺寸等→生成的视频文件的位置及名称,如图4-6所示。

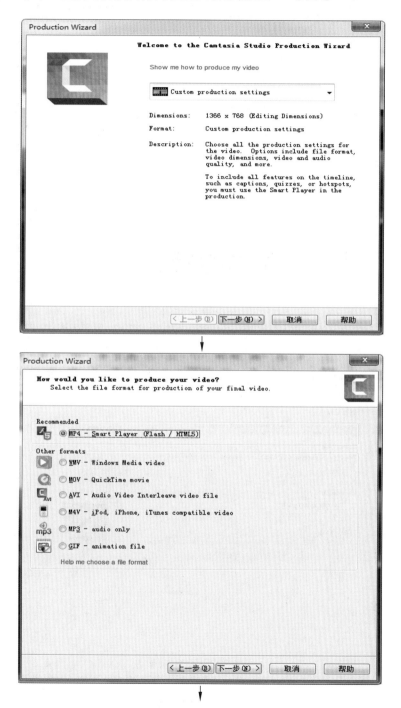

图4-6　生成 PPT 录像向导

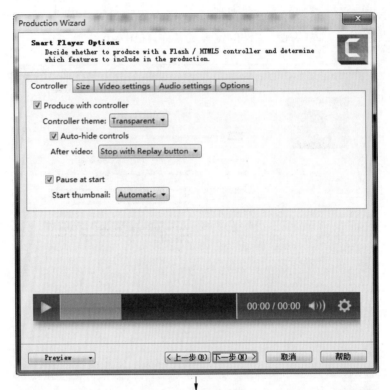

图 4-6(续)

图　4-6(续)

(6)、完成上述自定义生成设置后,单击"完成"按钮,进入最后的渲染阶段,渲染进度到100%,就自动播放生成的视频,如图 4-7 所示。

图 4-7　渲染并播放 PPT 录像

学习任务单

一、学习方法建议
观看微课→预操作练习→听课(老师讲解、示范、拓展)→再操作练习→完成学习任务单
二、学习任务
1. 新建一个 PPT 演示文稿 □
2. 加载项——录制(Record) □
3. 按 Esc 键停止录制 □
4. 进入生成向导 □
5. 指定视频格式 □
6. 设定视频画面尺寸 □
7. 生成单一视频文件 □
三、困惑与建议

任务五　拍摄型微课

任务五　拍摄型微课,请扫二维码。

　　（一）　　　　　（二）　　　　　（三）　　　　　（四）

　　拍摄型微课视频主要采用手机、DV 摄像机等进行现场拍摄,然后使用 Camtasia Studio 软件进行剪辑,如分割、重新配音、添加字幕、添加片头片尾等。此外,还可使用 Camtasia Studio 中的可视化属性(Visual Properties),对蓝幕、绿幕等简单背景的影像进行抠图,以达到虚拟演播室的效果,如图 4-8 所示。

具体操作步骤如下。

（1）启动 Camtasia Studio 8，在 Clip Bin（剪辑箱）功能按钮所对应的空白区右击，在弹出的菜单中选择 Import media（导入媒体）命令，此处可添加：Image（图片）、Audio（音频）、Video（视频）三类媒体，如图 4-9 所示。

（2）右击导入的素材，在弹出的菜单中选择 Add to Timeline at Playhead（添加到时间轴）命令，可将选定的素材添加到时间轴（轨道）上进行编辑，如图 4-10 所示。

图 4-8 虚拟演播室

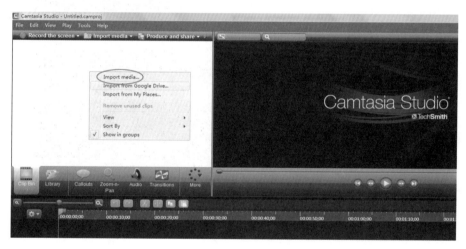

图 4-9 导入媒体

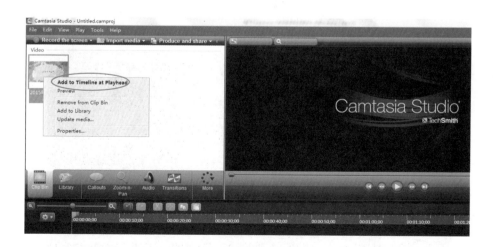

图 4-10 添加对象至轨道

（3）将轨道上的播放头移动到指定的位置，再单击素材将其选中，单击轨道上方的 Split 按钮，可完成素材的分割，如图 4-11 所示。

图 4-11　分割素材

（4）选定轨道上的对象，单击 Audio 功能按钮，再单击其中的 Silence（静音）按钮，可设置对象为静音，如图 4-12 所示。

图 4-12　设置对象为静音

（5）单击 Tools→Voice Narration（语音旁白）菜单项，再单击 Start recording 按钮，开始录制一个 wav 格式的语音文件，并自动添加至轨道，作为新的语音旁白，如图 4-13 所示。

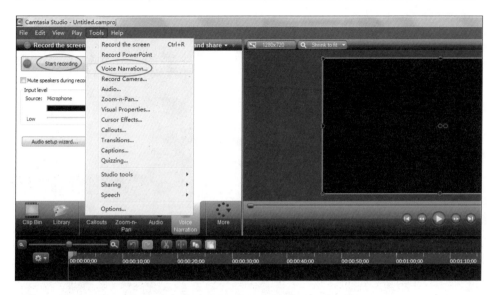

图 4-13　录制语音旁白

（6）单击 Library（库）功能按钮，在 Theme（主题）中可选择一个片头或片尾的视频片段，将其添加至轨道，再修改其中的文字，重新调整轨道上各对象的位置，防止重叠覆盖，从而完成片头片尾的制作，如图 4-14 所示。

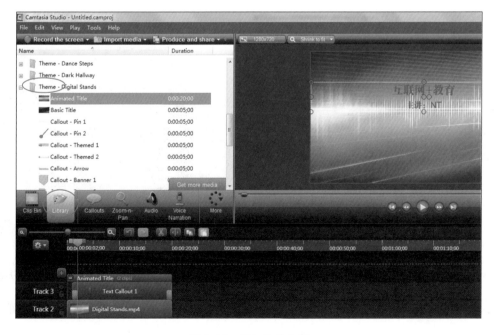

图 4-14　添加片头片尾

（7）单击 Callouts-T 或 Captions 功能按钮，可在指定的位置添加文本字幕，可根据需要设置每个文本字幕显示的时长，如图 4-15 所示。

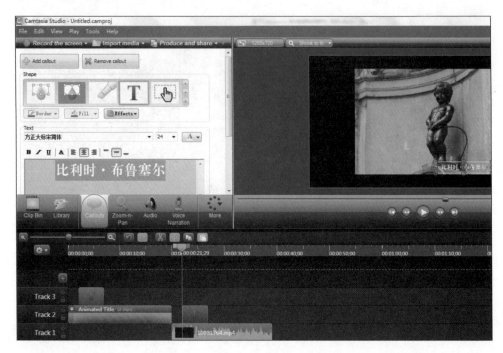

图 4-15　添加字幕文本

（8）单击 File→Produce and share...（生成和共享）菜单项，进入生成向导，完成自定义生成设置后，进入渲染阶段，与 PPT 型微课视频制作相同，这里不再赘述，如图 4-16 所示。

图 4-16　生成视频

学习任务单

一、学习方法建议
观看微课→预操作练习→听课（老师讲解、示范、拓展）→再操作练习→完成学习任务单
二、学习任务
1. 启动 Camtasia Studio 8　☐ 2. 导入三类媒体　☐ 3. 分割媒体　☐ 4. 使媒体静音　☐ 5. 录制语音旁白　☐ 6. 添加片头　☐ 7. 添加文本字幕　☐ 8. 生成和共享　☐
三、困惑与建议

任务六　屏幕录制型微课

任务六　屏幕录制型微课，请扫二维码。

屏幕录制型微课视频主要采用 Camtasia Recorder 软件对计算机的屏幕或操作过程进行全程实录，然后使用 Camtasia Studio 软件进行剪辑，如分割、添加字幕、添加片头片尾等，如图 4-17 所示。

图 4-17　Camtasia Recorder 界面

具体操作步骤如下。

（1）启动 Camtasia Recorder 8，其面板构成比较简单，主要包括以下两部分。

① 录制区域：可 Full screen（全屏）或 Custom（自定义）。

② 信号输入源：可录制 Webcam on（摄像头）和 Audio on（麦克风）的信号输入。

（2）单击 rec 按钮，开始按指定的区域进行屏幕录制，按 F10 功能键停止录制。

（3）自动启动 Camtasia Studio 8，在此可对录制的视频进行分割、添加片头片尾、添加文本字幕、生成和共享，操作步骤与拍摄型微课视频制作相同，这里不再赘述。

（4）在屏幕录制过程中按 Ctrl + Shif + D 组合键，可打开屏幕绘制功能，按 Esc 键可退出屏幕绘制，从而实现边讲解边标注。屏幕绘制时常用的键盘操作按键，如图 4-18 所示。

图 4-18　屏幕绘制时的操作按键

学习任务单

一、学习方法建议
观看微课→预操作练习→听课（老师讲解、示范、拓展）→再操作练习→完成学习任务单
二、学习任务
1. 启动 Camtasia Recorder 8　☐ 2. 自定义录制区域　☐ 3. 自定义信号输入源　☐ 4. 开始录屏　☐ 5. 暂停录屏　☐ 6. 停止录屏　☐
三、困惑与建议

任务七　手写板型微课

任务七　手写板型微课，请扫二维码。

手写板型微课视频主要采用 SmoothDraw 和 Camtasia Recorder 两个软件来联合制作，最好还要加上手写板硬件。当然最后还是要使用 Camtasia Studio 软件进行剪辑、添加片头片尾、添加字幕、生成和共享，如图 4-19 所示。

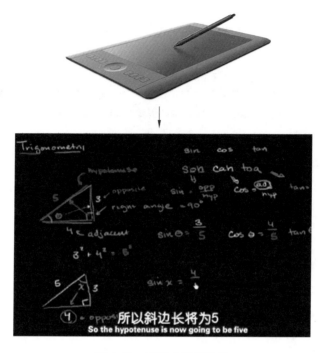

图 4-19 可汗式微课视频

具体操作步骤如下。

（1）启动 SmoothDraw 4 软件，打开相应的工作界面，默认是钢笔笔触，在左侧的功能面板上可设定笔触大小及颜色，如图 4-20 所示。

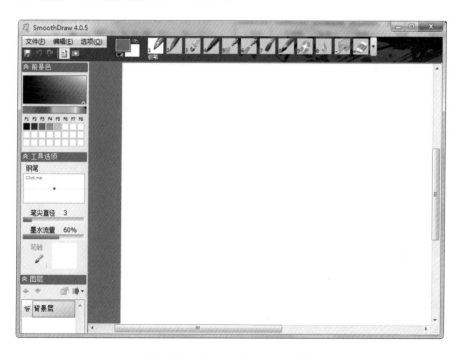

图 4-20 SmoothDraw 4 主界面

（2）安装下手写板硬件,在 Windows 7 以上的操作系统中会自动加载硬件驱动,在此处可练习下手写笔的使用,很明显,比鼠标"写字"要专业,如图 4-21 所示。

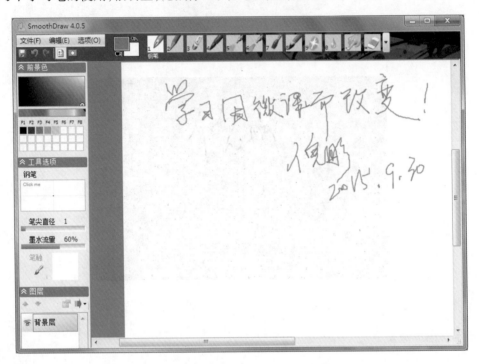

图 4-21　在 SmoothDraw 中的手写效果

（3）启动 Camtasia Recorder 8,将录制区域设定在白板范围内,调整摄像头、麦克风,单击 rec 按钮,开始屏幕录制,完成后按 F10 功能键停止录制。

（4）自动启动 Camtasia Studio 8,在此可对录制的视频进行分割、添加片头片尾、添加文本字幕、生成和共享,操作步骤与拍摄型微课视频制作相同,这里不再赘述。

学习任务单

一、学习方法建议	
观看微课→预操作练习→听课（老师讲解、示范、拓展）→再操作练习→完成学习任务单	
二、学习任务	
1. 启动 SmoothDraw 4 软件	☐
2. 启动 Camtasia Recorder 8	☐
3. 设定录制区域	☐
4. 设定手写笔触大小	☐
5. 设定手写笔颜色	☐
6. 开始录制	☐
7. 停止录制	☐
8. 生成视频	☐

续表

三、困惑与建议

任务八　混合型微课

任务八　混合型微课,请扫二维码。

（一）　　　　　　　　　（二）

这里以常见的虚拟演播室为例来介绍混合型微课制作。

1. 准备素材

制作虚拟演播室的素材是由两段视频所构成的,其中一段视频拍摄的是上海外滩风光,另一段视频以蓝幕或绿幕为背景拍摄的节目主持,如图4-22所示。

　→　

图4-22　制作虚拟演播室素材

2. 启动 Camtasia Studio 8 并导入素材

将两段视频均导入 Camtasia Studio 8 中,如图4-23所示。

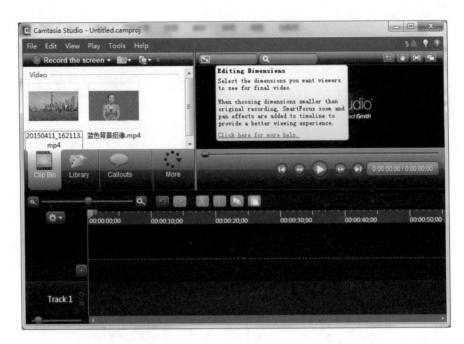

图 4-23　导入视频素材

3. 添加至轨道

以叠加方式将两段视频添加至轨道,保持蓝幕视频在上方轨道,如图 4-24 所示。

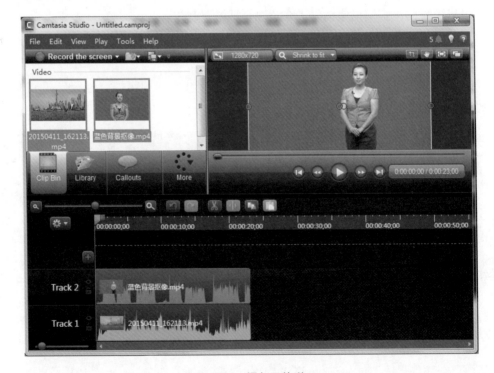

图 4-24　添加至轨道

4. 蓝幕抠像

蓝幕抠像是一种广泛应用的电影技术。在影视拍摄过程中,经常会有一些场景无法进行实拍,比如一些可能会对演员造成危险的镜头,例如,高空跳落、爆破等。想要取得较好的效果,就经常采用蓝幕为背景进行拍摄后进行抠像处理。

具体操作步骤如下。

(1) 选定蓝幕视频,单击 Visual Properties(可视化特性)功能按钮,在 Visual effects(可视化效果)中选定 Remove a color(移除一种颜色),如图 4-25 所示。

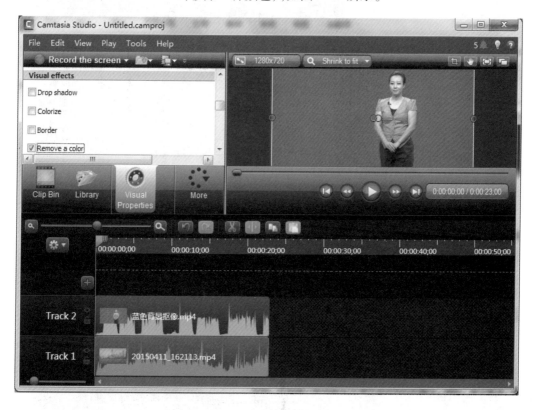

图 4-25 移除一种颜色

(2) 单击 Color(颜色)下拉按钮,出现 Color Palette(颜色面板),单击 Select Color…,然后用鼠标在视频的蓝色背景上单击,完成蓝幕抠像,如图 4-26 所示。

5. 添加透明边框

单击 Clip Bin(剪辑箱)功能按钮,导入一个 PNG 格式的边框图片,将其添加至轨道并设定其时长与视频相同。这样在视频外就添加了一个方框效果,如图 4-27 所示。

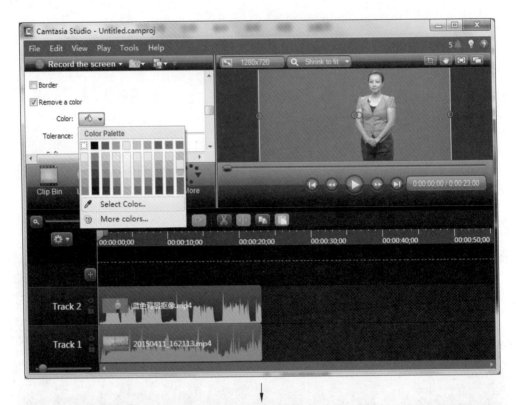

图 4-26   蓝幕抠像

图 4-27 视频加边框

6. 添加字幕

（1）复制、粘贴字幕文本

单击 Captions（字幕）功能按钮，打开一个 TXT 格式的文本文件，将其中的内容复制、粘贴至当前，如图 4-28 所示。

图 4-28　添加字幕文本

（2）Sync Captions（同步字幕）

① 将 Track（轨道）1 上的背景视频"静音"。

② 将 Track（轨道）4 上文本出现的时间延长。

③ 单击 Sync Captions…（同步字幕）按钮，打开相应的对话框，单击 Continue（继续）按钮，开始同步字幕操作，如图 4-29 所示。

④ 当开始播出语音时，单击每句话的第一个字，开始同步字幕操作，直到最后一句话说完，再单击同步字幕的 Stop（停止）按钮，完成字幕文字与语音的同步，如图 4-30 所示。

7. 生成视频

单击 File→Produce and share…（文件→生成和共享）菜单项，进入生成向导，一系列的人—机对话后，完成"虚拟演播室"视频生成，如图 4-31 所示。

图 4-29　同步字幕（一）

图 4-30　同步字幕（二）

图 4-31　虚拟演播室

学习任务单

一、学习方法建议
观看微课→预操作练习→听课(老师讲解、示范、拓展)→再操作练习→完成学习任务单
二、学习任务
1. 准备素材　　　□ 2. 导入素材　　　□ 3. 添加至轨道　　□ 4. 蓝幕抠像　　　□ 5. 添加透明边框　□ 6. 添加字幕　　　□ 7. 生成视频　　　□
三、困惑与建议

项目 五

慕 课

慕课(MOOC)是一种针对大众人群的在线课堂,是远程教育的最新发展,是网络课程的一种高级形态。传统的课程教学与慕课的区别就在于:前者是以教为主,后者是以学为主;前者是以知识传授为主,后者是以能力培养为主;前者是以课堂教学为主,后者是以课内外结合为主;前者是以终结性评价为主,后者是以过程式评价为主。

MOOC 建设如图 5-1 所示。

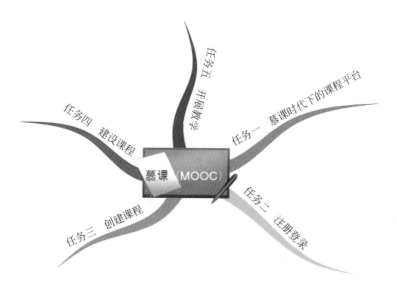

图 5-1 MOOC 建设

慕课是大规模的网络开放课程,它是为了增强知识传播而由具有分享和协作精神的个人组织发布的、散布于互联网上的开放课程,如图 5-2 所示。

图 5-2　MOOC

　　慕课与传统课程一样是让学生获得知识,但是慕课的创新之处在于将学习平台迁移到网络上,将网络的开放性、便捷性与社交性结合在一起,大大扩充了课程范围。慕课让广泛的互动学习真正深入化,可考核化,让学习者对学习时间、空间灵活掌握,提供更丰富、更多元的学习资源,让学生在互动的过程中主动学习,提升学习的效果。

　　与以往的网络公开课不同之处在于,慕课一般会以周为单位有序推进学习进程,学习后每周会有研讨话题供大家讨论、交流,还会向学习者提供阅读建议,进行扩展学习。学习效果通过频繁的小测验来检测,还有期中考试、期末考试等。

任务一　慕课时代下的课程平台

　　任务一　慕课时代下的课程平台微课,请扫二维码。

　　慕课的到来带来了一种全新的课程教学模式,一种以学生为主体,多角度获取知识的方式。它冲击着传统的教学模式,为优质教育资源在全世界范围内共享提供了机会,给学校的人才培养带来了新的变化。

　　目前,慕课时代下的课程平台为数众多,其中 Coursera(目前规模最大)、edX(哈佛大学和麻省理工学院共同出资组建)和 Udacity(以计算机类课程为主)是当代慕课课程平台的主要代表。

　　本着"打破校园的围墙,使优质资源共享成为时代的必然"的原则,我国也建立了不少集资源、服务、平台为一体的网络教学平台,为当前学校开展通识教育面临的优秀教师短缺和优质课程短缺提供了一个很好的网络解决途径。这些网络教学平台汇聚了名家泰斗的优质课程,同时通过听课、作业和考试给予学生学分,为学生提供在线讨论、答疑、学习进度管理等丰富的网络学习环境。中国大学 MOOC(慕课)教学平台如图 5-3 所示。

图 5-3　中国大学 MOOC(慕课)教学平台

任务二　注 册 登 录

任务二　注册登录微课,请扫二维码。

下面以 FANYA 慕课教学平台为例来介绍用户注册、登录的方法,具体操作步骤如下。

(1) 单击"注册"按钮,打开慕课教学平台用户注册页面,如图 5-4 所示。

(2) 填写完相关信息后,单击"注册"按钮,会出现"注册成功"画面,3 秒后将自动跳转至用户登录界面,如图 5-5 所示。

(3) 填写完用户名、密码等信息后,单击"登录"按钮,将自动跳转至慕课教学平台的学习空间;单击"添加课程"按钮,即可跳转至相应的课程页面;单击"课程报名"按钮,可将选

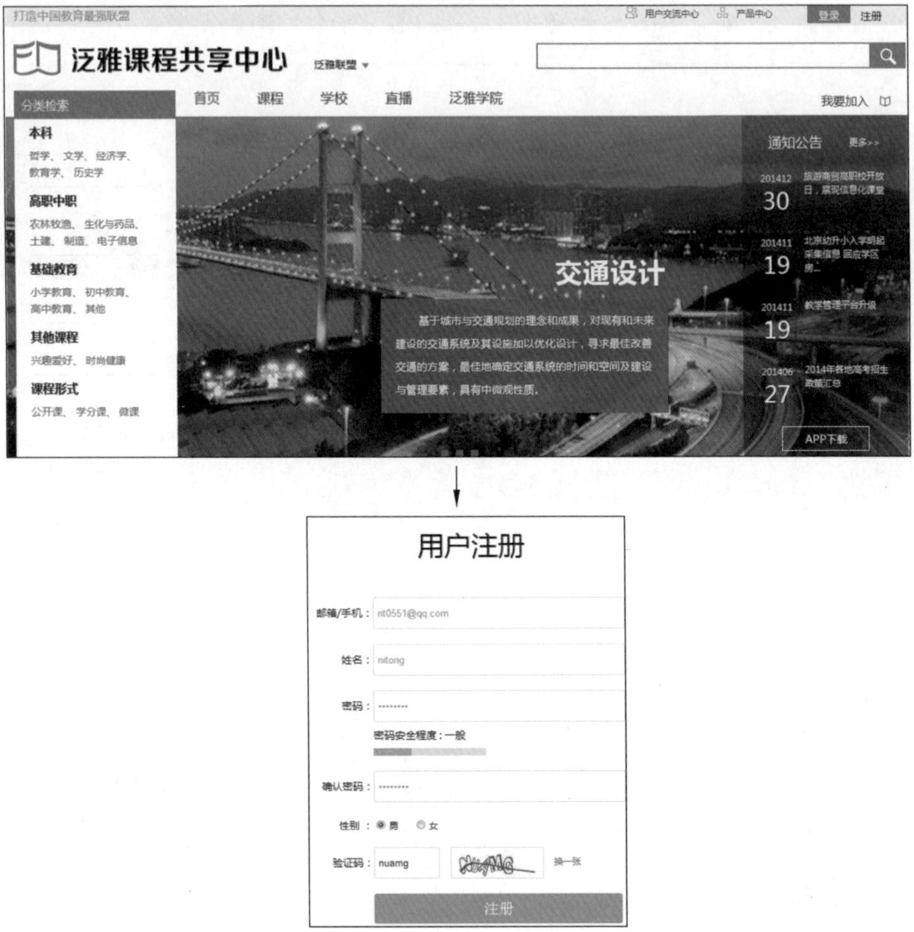

图 5-4　用户注册界面

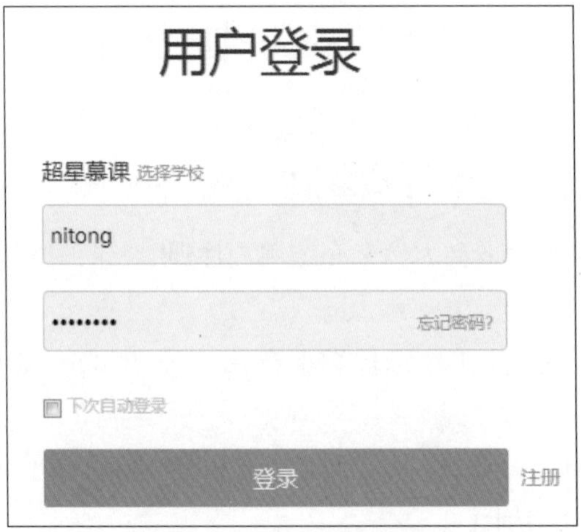

图 5-5　用户登录界面

定的课程添加到自己的学习空间；单击"进入课程"按钮，即可展开课程学习，如图 5-6
所示。

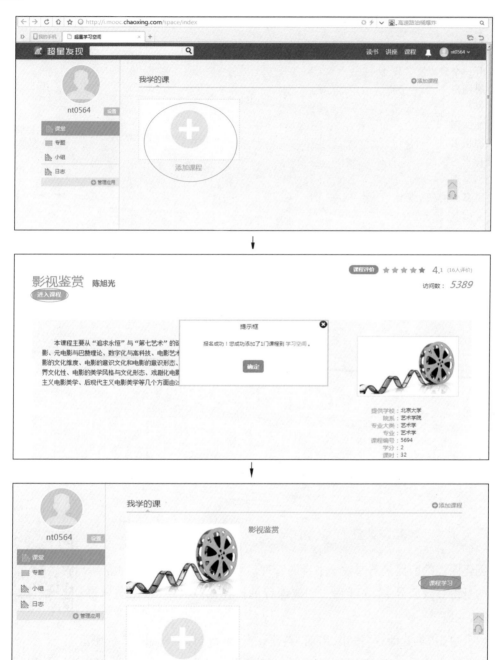

图 5-6　慕课教学平台后台

学习任务单

一、学习方法建议
观看微课→预操作练习→听课（老师讲解、示范、拓展）→再操作练习→完成学习任务单
二、学习任务
1. 打开一个慕课教学平台网页　□
2. 注册用户　□
3. 登录　□
4. 添加课程　□
5. 课程报名　□
6. 课程学习　□
7. 资料整理　□
8. 了解慕课的完整架构　□
三、困惑与建议

任务三　创建课程

任务三　创建课程微课，请扫二维码。

创建课程的前提是慕课教学平台的管理员要给用户授权，这样才能以教师的身份登录后台、建立课程。创建课程的操作比较简单，根据向导来做，三步完成。

（1）单击"创建课程"按钮，出现"新建课程"向导对话框，如图5-7所示。

（2）输入课程名称、教师名、说明后，单击"下一步"按钮，出现"课程封面"设计界面，如图5-8所示。

（3）上传一张课程的封面图片，单击"保存"按钮，出现"生成课程单元"界面，再单击"保存"按钮，进入后台的主界面，可以看到新课程封面已经生成，如图5-9所示。

图5-7　新建课程

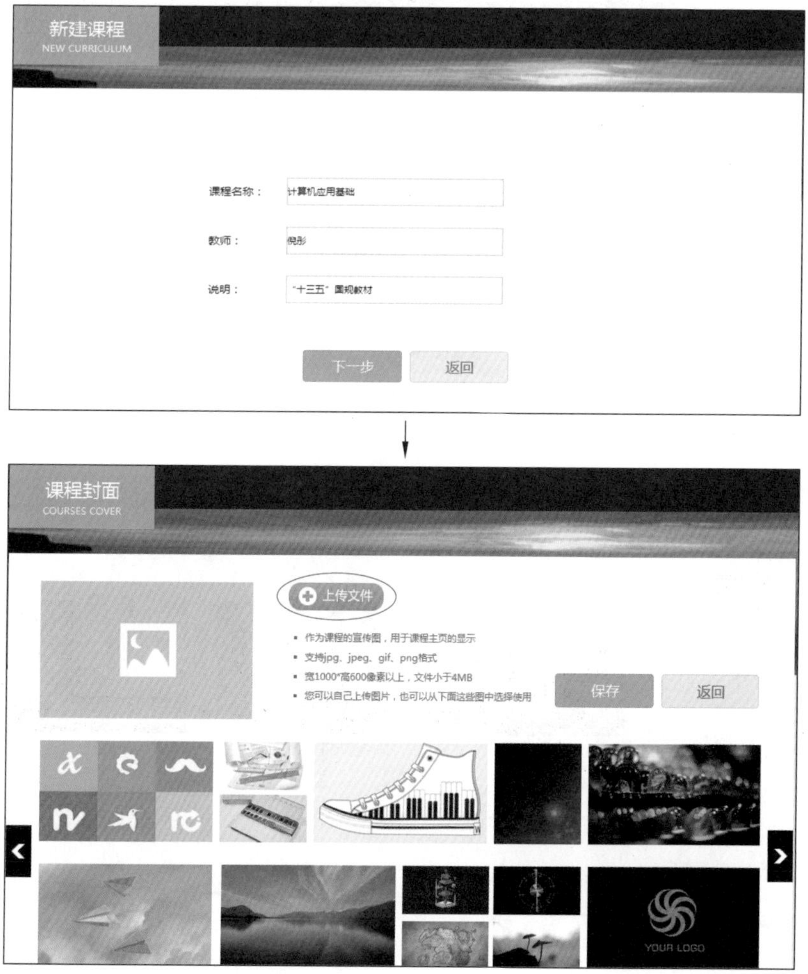

图5-8　新建课程

图5-9　慕课教学平台后台主界面

学习任务单

一、学习方法建议
观看微课→预操作练习→听课(老师讲解、示范、拓展)→再操作练习→完成学习任务单

二、学习任务

1. 登录慕课教学平台后台　☐
2. 进入"新建课程"向导　☐
3. 输入课程名称等信息　☐
4. 上传课程封面图片　☐
5. 生成课程单元　☐
6. 返回后台主界面　☐

三、困惑与建议

任务四　建设课程

任务四　建设课程微课,请扫二维码。

在新课程封面制作完成后,单击封面图片,就进入相应的课程建设。在课程编辑页面使用综合课程编辑器编辑课程知识点以及课程内容,具体操作步骤如下。

1. 课程门户

在"课程门户"页面,单击"编辑"按钮,进入目录和内容的编辑,如图 5-10 所示。

(一)

2. 设置目录及内容

在目录部分,可设置多级目录,如章、节,项目、任务、单元、课题等,也可增加或减少同级目录或子目录,对目录的内容也能编辑。在内容部

(二)

分,可插入视频、测验、图片、文档、附件等,如图 5-11 所示。

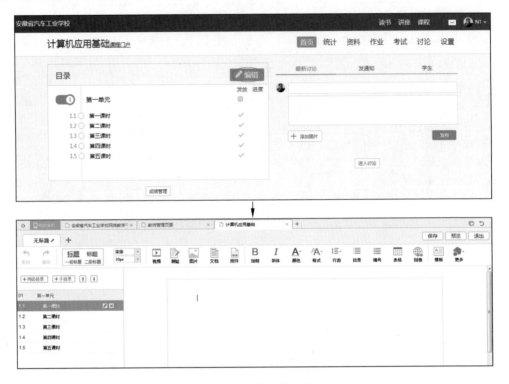

图 5-10　课程门户编辑

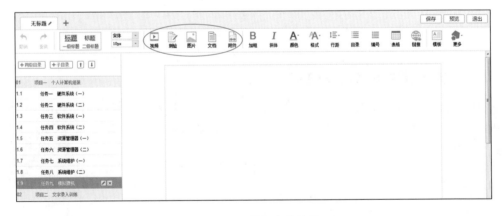

图 5-11　目录及内容编辑

3. 插入视频及测验

（1）插入视频

单击图 5-11 中的"视频"按钮,打开"插入视频"文件对话框,此处支持上传的视频文件格式较多,如.rmvb、.3gp、.mpg、.mp4、.flv 等。

选定一个视频文件,单击"确认"按钮,开始文件上传,如图 5-12 所示。

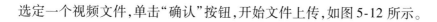

图 5-12　插入视频

（2）视频中插入测验

在图5-12中，单击"插入对象"按钮，打开"编辑视频"对话框，输入测验在视频中出现的时间后，再单击"插入对象"按钮，将在视频播放至指定时间时，暂停视频播放并弹出测验题。

测验题有三种类型：单选、多选、判断，编辑题目并确定正确答案后，再单击"插入测验"按钮，在视频中指定的位置将插入一道测验题，如图5-13所示。

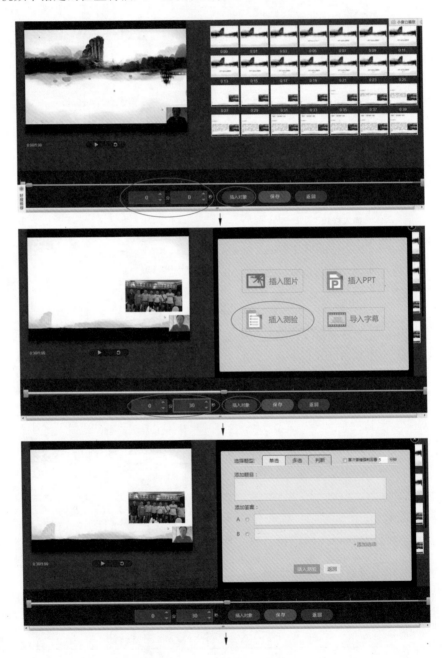

图5-13　视频中插入测验

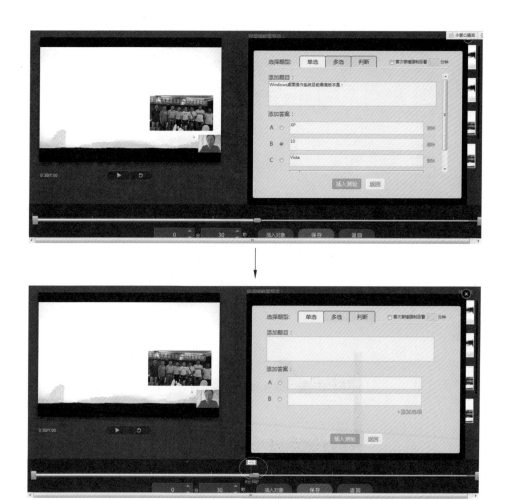

图 5-13(续)

（3）测试

返回目录及内容编辑界面，对插入的视频及测验题进行验证。

① 单击"展开"按钮，将视频画面展开。

② 单击"播放"按钮，开始播放视频。

③ 播放至指定位置，例如 30 秒处，暂停视频播放，弹出测验题。

④ 答题完毕，系统将做出对错判断，单击"继续"按钮，将继续视频的播放，如图 5-14 所示。

（4）预览

在目录及内容编辑界面，单击"预览"按钮，可看到课程发布后所使用的效果，如图 5-15 所示。

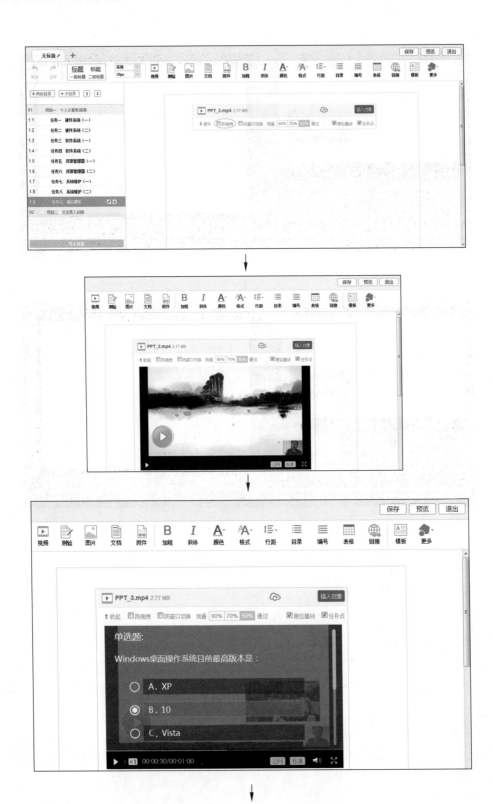

图 5-14　插入视频、测验结果验证

图 5-14(续)

图 5-15　预览课程发布后的效果

学习任务单

一、学习方法建议
观看微课→预操作练习→听课(老师讲解、示范、拓展)→再操作练习→完成学习任务单

二、学习任务
1. 进入课程门户 ☐
2. 设置目录 ☐
3. 添加课程内容 ☐
4. 插入视频 ☐
5. 在视频中添加测验 ☐
6. 验证视频中的测验 ☐
7. 插入图片 ☐
8. 插入文档 ☐
9. 插入附件 ☐
10. 预览课程发布结果 ☐

三、困惑与建议

任务五 开展教学

任务五 开展教学微课,请扫二维码。

(1)返回课程门户界面,单击"设置"按钮,可添加班级及学生。单击"显示高级"按钮,可进行知识单元开放设置、课程时间设置等,如图 5-16 所示。

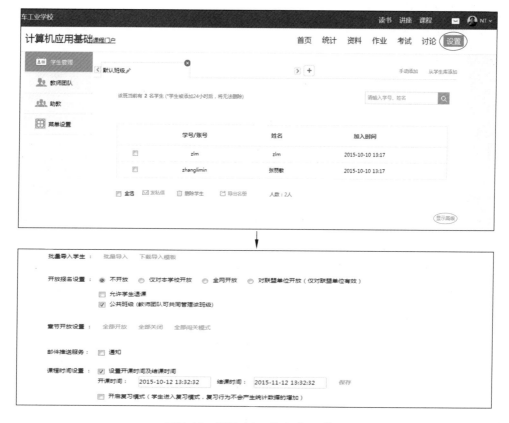

图 5-16　设置班级、学生、知识单元

（2）通过作业、考试、讨论等模块设置开展教学活动，如图 5-17 所示。

① 作业模块设置内容包括标题、题型、内容、难易度、答案。

② 考试模块设置包括手动创建试卷、自动随机组卷、发起考试。

③ 讨论模块设置包括搜索话题、新建话题、回复话题。

（3）通过统计、资料模块分析跟踪学生的学习进度和学习效果，如图 5-18 和图 5-19 所示。

① 统计模块设置内容包括已发布任务点、学生数、综合成绩分布、总访问数等。

② 资料模块设置包括共享资料、教材教参、推荐视频、题库、作业库等。

（4）全部模块设置完毕，单击"首页"标签，返回后台课程门户首页；单击"课程门户"按钮或输入网址：http://mooc1. chaoxing. com/course/81358894. html，可预览课程前台的显示效果，如图 5-20 所示。

至此，在慕课教学平台上已完成一门课程的基本架设。

(作业模块)

(考试模块)

(讨论模块)

图 5-17 作业、考试、讨论模块

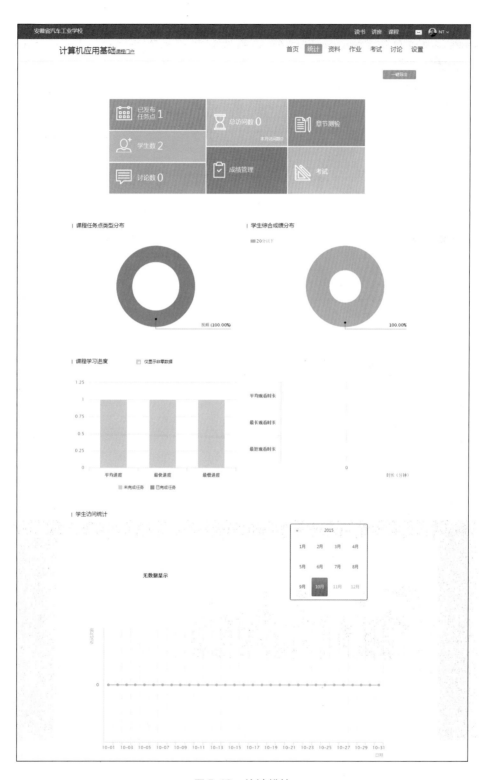

图 5-18 统计模块

图 5-19　资料模块

(课程后台首页)

(课程前台首页,可输入网址访问)

图 5-20　课程在慕课教学平台后台、前台首页

学习任务单

一、学习方法建议
观看微课→预操作练习→听课(老师讲解、示范、拓展)→再操作练习→完成学习任务单

二、学习任务	
1. 设置班级、学生、知识单元	☐
2. 设置作业模块	☐
3. 设置考试模块	☐
4. 设置讨论模块	☐
5. 设置统计模块	☐
6. 设置资料模块	☐
7. 进入课程后台首页	☐
8. 用网址访问课程前台首页	☐

三、困惑与建议